CHIAVENATO

Iniciação à Administração

O GEN | Grupo Editorial Nacional – maior plataforma editorial brasileira no segmento científico, técnico e profissional – publica conteúdos nas áreas de ciências sociais aplicadas, exatas, humanas, jurídicas e da saúde, além de prover serviços direcionados à educação continuada e à preparação para concursos.

As editoras que integram o GEN, das mais respeitadas no mercado editorial, construíram catálogos inigualáveis, com obras decisivas para a formação acadêmica e o aperfeiçoamento de várias gerações de profissionais e estudantes, tendo se tornado sinônimo de qualidade e seriedade.

A missão do GEN e dos núcleos de conteúdo que o compõem é prover a melhor informação científica e distribuí-la de maneira flexível e conveniente, a preços justos, gerando benefícios e servindo a autores, docentes, livreiros, funcionários, colaboradores e acionistas.

Nosso comportamento ético incondicional e nossa responsabilidade social e ambiental são reforçados pela natureza educacional de nossa atividade e dão sustentabilidade ao crescimento contínuo e à rentabilidade do grupo.

Idalberto
Chiavenato

Iniciação à

Administração

4ª EDIÇÃO

- O autor deste livro e a editora empenharam seus melhores esforços para assegurar que as informações e os procedimentos apresentados no texto estejam em acordo com os padrões aceitos à época da publicação, *e todos os dados foram atualizados pelo autor até a data da entrega dos originais à editora.* Entretanto, tendo em conta a evolução das ciências, as atualizações legislativas, as mudanças regulamentares governamentais e o constante fluxo de novas informações sobre os temas que constam do livro, recomendamos enfaticamente que os leitores consultem sempre outras fontes fidedignas, de modo a se certificarem de que as informações contidas no texto estão corretas e de que não houve alterações nas recomendações ou na legislação regulamentadora.
- Data do fechamento do livro: 30/09/2022
- O autor e a editora se empenharam para citar adequadamente e dar o devido crédito a todos os detentores de direitos autorais de qualquer material utilizado neste livro, dispondo-se a possíveis acertos posteriores caso, inadvertida e involuntariamente, a identificação de algum deles tenha sido omitida.
- **Atendimento ao cliente: (11) 5080-0751 | faleconosco@grupogen.com.br**
- Direitos exclusivos para a língua portuguesa
  Copyright © 2023 *by*
  Editora Atlas Ltda.
  Uma editora integrante do GEN | Grupo Editorial Nacional
  Travessa do Ouvidor, 11
  Rio de Janeiro – RJ – 20040-040
  www.grupogen.com.br
- Reservados todos os direitos. É proibida a duplicação ou reprodução deste volume, no todo ou em parte, em quaisquer formas ou por quaisquer meios (eletrônico, mecânico, gravação, fotocópia, distribuição pela Internet ou outros), sem permissão, por escrito, da Editora Atlas Ltda.
- Capa: Bruno Sales
- Editoração eletrônica: 2 estúdio gráfico
- Ficha catalográfica

CIP-BRASIL. CATALOGAÇÃO NA PUBLICAÇÃO
SINDICATO NACIONAL DOS EDITORES DE LIVROS, RJ

C458i
4. ed.

Chiavenato, Idalberto, 1936
Iniciação à administração / Idalberto Chiavenato. - 4. ed. - Barueri [SP] : Atlas, 2023. (Iniciação ; 3)
Inclui bibliografia e índice
ISBN 978-65-5977-350-3
1. Administração. I. Título. II. Série.

22-80120	CDD: 658.001
	CDU: 005.1

Gabriela Faray Ferreira Lopes - Bibliotecária - CRB-7/6643

À Rita.

*Descortinando novos horizontes,
abrindo espaços desconhecidos e
cultivando sonhos e aventuras
o tempo todo e sempre juntos,
este livro é obra de nossa união e
do companheirismo de todas as horas.*

Parabéns!

Além da edição mais completa e atualizada do livro *Iniciação à Administração*, agora você tem acesso à Sala de Aula Virtual do Prof. Idalberto Chiavenato.

Chiavenato Digital é a solução que você precisa para complementar seus estudos.

São diversos objetos educacionais, como vídeos do autor, mapas mentais, estudos de caso e muito mais!

Para acessar, basta seguir o passo a passo descrito na orelha deste livro.

Bons estudos!

Confira o vídeo de apresentação da plataforma pelo autor.

uqr.to/hs6d

Sempre que o ícone ![icon] aparece, há um conteúdo disponível na Sala de Aula Virtual.

CHIAVENÁRIO
Glossário interativo com as principais terminologias utilizadas pelo autor.

EXERCÍCIOS
Ferramentas para estimular a aprendizagem.

SAIBA MAIS
Conteúdos complementares colaboram para aprofundar o conhecimento.

MAPAS MENTAIS
Esquemas sintetizam de forma gráfica os conteúdos desenvolvidos em cada capítulo.

TENDÊNCIAS EM IAD
Atualidades e novos paradigmas da Administração são apresentados.

SOBRE O AUTOR

Idalberto Chiavenato é doutor e mestre em Administração pela City University Los Angeles (Califórnia, EUA), especialista em Administração de Empresas pela Escola de Administração de Empresas de São Paulo da Fundação Getulio Vargas (FGV EAESP), graduado em Filosofia e Pedagogia, com especialização em Psicologia Educacional, pela Universidade de São Paulo (USP), e em Direito pela Universidade Presbiteriana Mackenzie.

Professor honorário de várias universidades do exterior e renomado palestrante ao redor do mundo, foi professor da FGV EAESP. Fundador e presidente do Instituto Chiavenato e membro vitalício da Academia Brasileira de Ciências da Administração. Conselheiro e vice-presidente de Assuntos Acadêmicos do Conselho Regional de Administração de São Paulo (CRA-SP).

Autor de 48 livros nas áreas de Administração, Recursos Humanos, Estratégia Organizacional e Comportamento Organizacional publicados no Brasil e no exterior. Recebeu três títulos de Doutor Honoris Causa por universidades latino-americanas e a Comenda de Recursos Humanos pela ABRH-Nacional.

PREFÁCIO

Na contemporaneidade, a Administração desponta como uma das mais eficazes soluções para os problemas atuais da humanidade, seja em relação ao desenvolvimento econômico dos países e de suas organizações, seja para a redução das desigualdades sociais, a melhoria da qualidade de vida das pessoas, a sustentabilidade ecológica do mundo, além da ampliação de mercados e para o futuro da humanidade. Vivemos em uma sociedade de organizações, na qual tudo aquilo que precisamos é criado, projetado, produzido, comercializado e entregue por organizações. Para serem bem-sucedidas, as organizações em geral precisam ser bem administradas. As nações também, a partir da Organização das Nações Unidas (ONU). O êxito de uma organização é pura questão de administração. Drucker dizia que não existem países avançados ou atrasados, mas sim países bem administrados e países mal administrados.

Este livro – em sua quarta edição ampliada e atualizada – é destinado a todos aqueles que pretendem iniciar na compreensão da administração de empresas. Nele, procuramos condensar os conceitos primordiais para a compreensão das organizações e de sua administração, utilizando uma linguagem fácil e acessível, sem deixar de fora o relevante e o essencial. Trata-se, portanto, de um livro básico e de iniciação, conforme o próprio nome sugere.

Fazemos votos de que esta obra possa atender às expectativas – ainda que ingênuas e sonhadoras – da nossa juventude estudantil e que possa iniciá-la no estudo dessa área de conhecimentos tão necessária e imprescindível ao crescimento e ao progresso de nossas organizações, nossos empreendimentos e do nosso país – sobretudo para o seu ingresso no rol dos países mais avançados do mundo moderno. É disso que estamos precisando!

Idalberto Chiavenato
www.chiavenato.com

SUMÁRIO

Capítulo 1
AS ORGANIZAÇÕES EM UM AMBIENTE GLOBALIZADO E COMPETITIVO, 1

1.1 SOCIEDADE DE ORGANIZAÇÕES, 1
1.2 ORGANIZAÇÕES COMO SISTEMAS SOCIAIS, 3
1.3 PARTICIPANTES DAS ORGANIZAÇÕES, 3
1.4 CULTURA ORGANIZACIONAL, 6
1.5 NÍVEIS ORGANIZACIONAIS, 9
1.6 AMBIENTE DAS ORGANIZAÇÕES, 11
1.7 GLOBALIZAÇÃO E COMPETITIVIDADE, 14
    1.7.1 Estágios do processo de globalização, 15
    1.7.2 Características das organizações multinacionais, 16
    1.7.3 Competitividade, 17
1.8 MODERNAS TECNOLOGIAS, 18
1.9 SUSTENTABILIDADE, 19
1.10 ÉTICA E RESPONSABILIDADE SOCIAL, 21
    1.10.1 Responsabilidade ambiental, 22
QUESTÕES PARA REVISÃO, 24
REFERÊNCIAS, 24

Capítulo 2
COMO PROSPEROU A ADMINISTRAÇÃO, 27

2.1 REVOLUÇÃO INDUSTRIAL, 28
    2.1.1 1ª Revolução Industrial, 28
    2.1.2 2ª Revolução Industrial, 28
    2.1.3 As mudanças no mundo das empresas, 29
2.2 ERA DA INFORMAÇÃO, 29

2.3 ERA DIGITAL, 31
2.4 O SURGIMENTO DA ADMINISTRAÇÃO, 32
    2.4.1 Teoria da Administração Científica, 32
    2.4.2 Teoria Clássica da Administração, 33
    2.4.3 Teoria das Relações Humanas, 33
    2.4.4 Teoria Estruturalista, 33
    2.4.5 Teoria Comportamental, 34
    2.4.6 Teoria de Sistemas, 34
    2.4.7 Teoria da Contingência, 34
    2.4.8 Abordagens atuais da Administração, 35
QUESTÕES PARA REVISÃO, 35
REFERÊNCIAS, 36

Capítulo 3
O QUE É ADMINISTRAÇÃO, 37
3.1 CONCEITO DE ADMINISTRAÇÃO, 38
3.2 OBJETIVOS DA ADMINISTRAÇÃO, 40
    3.2.1 Os velhos objetivos da Administração, 40
    3.2.2 Os novos objetivos da Administração, 41
3.3 ÁREAS DA ADMINISTRAÇÃO, 42
3.4 O PAPEL DO ADMINISTRADOR, 45
3.5 PROCESSO ADMINISTRATIVO, 48
3.6 OS TRADICIONAIS PRINCÍPIOS GERAIS DA ADMINISTRAÇÃO, 50
QUESTÕES PARA REVISÃO, 54
REFERÊNCIAS, 55

Capítulo 4
PLANEJAMENTO, 57
4.1 CONCEITO DE PLANEJAMENTO, 58
4.2 IMPORTÂNCIA E NECESSIDADE DO PLANEJAMENTO, 59
4.3 ETAPAS DO PLANEJAMENTO, 60
    4.3.1 Avaliação da situação atual, 61
    4.3.2 Processo decisório, 61
    4.3.3 Definição de objetivos, 63
        4.3.3.1 Missão organizacional, 66

4.3.3.2 Visão de futuro, 67
4.3.3.3 Níveis de objetivos organizacionais, 67

4.4 NÍVEIS DE PLANEJAMENTO, 69

4.5 TIPOS DE PLANOS, 70

4.5.1 Programas, 71

4.5.2 Procedimentos, 71

4.5.3 Métodos, 71

4.5.4 Normas e regulamentos, 71

4.6 TÉCNICAS DE PLANEJAMENTO, 72

4.6.1 Diagrama de planejamento e controle, 72

4.6.2 Cronograma, 73

4.6.3 Gráfico de Gantt, 74

4.6.4 Fluxograma, 75

4.6.5 Diagrama de blocos, 76

4.6.6 Histograma, 78

4.6.7 Análise de Pareto, 79

4.6.8 *Program Evaluation Review Technique*, 80

4.6.9 Orçamentos, 83

QUESTÕES PARA REVISÃO, 86

REFERÊNCIAS, 86

Capítulo 5
ORGANIZAÇÃO, 89

5.1 CONCEITO DE ORGANIZAÇÃO, 90

5.2 NÍVEIS DE ORGANIZAÇÃO, 91

5.3 ORGANOGRAMA, 93

5.4 ESTRUTURA ORGANIZACIONAL, 95

5.4.1 Estrutura linear, 96

5.4.2 Estrutura funcional, 97

5.4.3 Estrutura linha-*staff*, 99

5.4.4 Outros tipos de estrutura organizacional, 101

5.4.4.1 Estrutura matricial, 101

5.4.4.2 Estrutura em redes, 102

5.4.4.3 Organização virtual, 103

5.5 DEPARTAMENTALIZAÇÃO, 104

5.5.1 Departamentalização por funções, 104
5.5.2 Departamentalização por produtos ou serviços, 106
5.5.3 Departamentalização geográfica, 107
5.5.4 Departamentalização por clientela, 108
5.5.5 Departamentalização por processos, 109
5.5.6 Departamentalização por projetos, 110

5.6 PRINCÍPIOS TRADICIONAIS DE ORGANIZAÇÃO, 111
QUESTÕES PARA REVISÃO, 114
REFERÊNCIAS, 116

Capítulo 6
A ABORDAGEM SISTÊMICA, 117

6.1 CONCEITO DE SISTEMA, 117
6.2 A EMPRESA COMO UM SISTEMA ABERTO, 122
6.3 CONCEITO DE GESTÃO SISTÊMICA, 122
6.4 CARACTERÍSTICAS DA ABORDAGEM SISTÊMICA, 123
6.5 VANTAGENS DA ABORDAGEM SISTÊMICA, 124
QUESTÕES PARA REVISÃO, 125
REFERÊNCIA, 126

Capítulo 7
DIREÇÃO/LIDERANÇA, 127

7.1 CONCEITO DE DIREÇÃO, 129
7.2 CONCEITO DE LIDERANÇA, 130
7.3 TEORIA X E TEORIA Y, 131
7.4 SISTEMAS DE ADMINISTRAÇÃO DAS ORGANIZAÇÕES, 132
7.5 NÍVEIS DE DIREÇÃO/LIDERANÇA, 135
7.6 COMUNICAÇÃO, 135
7.7 MOTIVAÇÃO, 140
7.8 *EMPOWERMENT*, 144
7.9 INSTRUÇÕES, 145
  7.9.1 Tipos de instruções, 146
7.10 MEIOS DE LIDERANÇA, 147
7.11 PRINCÍPIOS TRADICIONAIS DE DIREÇÃO/LIDERANÇA, 148

QUESTÕES PARA REVISÃO, 149
REFERÊNCIAS, 150

Capítulo 8
CONTROLE, 151

8.1 CONCEITO DE CONTROLE, 152
8.2 OBJETIVOS DO CONTROLE, 153
8.3 IMPORTÂNCIA DO CONTROLE, 154
8.4 PROCESSO DE CONTROLE, 154
8.5 TIPOS DE CONTROLE, 156
8.6 NÍVEIS DE CONTROLE, 157
8.7 TÉCNICAS DE CONTROLE, 159
    8.7.1 Diagrama de Ishikawa, 159
8.8 CONTROLE NA ERA DO *EMPOWERMENT*, 161
QUESTÕES PARA REVISÃO, 162
REFERÊNCIAS, 162

Capítulo 9
A ORGANIZAÇÃO COMO FORNECEDORA DE RESULTADOS, 165

9.1 AFINAL, PARA QUEM TRABALHAMOS?, 166
9.2 PARA ONDE VÃO OS RESULTADOS DO NEGÓCIO DA ORGANIZAÇÃO?, 168
9.3 *BALANCED SCORECARD*, 171
QUESTÕES PARA REVISÃO, 173
REFERÊNCIAS, 174

ÍNDICE ALFABÉTICO, 175

1 AS ORGANIZAÇÕES EM UM AMBIENTE GLOBALIZADO E COMPETITIVO

> **O QUE VEREMOS ADIANTE**
> - Sociedade de organizações.
> - Organizações como sistemas sociais.
> - Participantes das organizações.
> - Cultura organizacional.
> - Níveis organizacionais.
> - Ambiente das organizações.
> - Globalização e competitividade.
> - Modernas tecnologias.
> - Sustentabilidade.
> - Ética e responsabilidade social.
> - Questões para revisão.

Tudo o que precisamos para viver – alimentos, roupas, transporte, higiene, saúde, educação, informação, entretenimento – nos é fornecido por organizações. O trabalho administrado por meio delas permite soluções incríveis para todas as variadas e crescentes necessidades humanas. Por essa razão, podemos afirmar que vivemos em uma sociedade composta de organizações.

1.1 SOCIEDADE DE ORGANIZAÇÕES

O mundo moderno é uma sociedade composta de organizações que proliferam de maneira incrível por todos os cantos do planeta. Elas podem ser pequenas, médias, grandes, nacionais ou multinacionais, e penetram todas as áreas da vida humana. Caracterizam-se por uma multiplicidade de tipos, como empresas, indústrias, universidades, hospitais, bancos, financeiras, lojas, supermercados, *shopping centers, agrobusiness*, postos de combustível, agências revendedoras de automóveis, oficinas mecânicas, hotéis, além de outras organizações das mais variadas naturezas. Não existem duas organizações iguais. Mesmo aquelas que possuem várias filiais, nenhuma filial é similar às demais. A variabilidade é uma de suas principais características.

Membros das organizações

Todos nós somos membros de muitas organizações, como empresas, universidades, igrejas, clubes esportivos, partidos políticos, associações. Somos clientes de bancos, de seguradoras, utilizamos planos de saúde, investimos em planos de previdência social, temos cartões de débito ou crédito. Compramos alimentos em supermercados, comemos em restaurantes *fast food*, adquirimos roupas em lojas com pagamento à vista ou parcelado. Trabalhamos nelas ou participamos delas como colaborares ou como clientes. O fato é que sempre estamos nas organizações ou com elas no decorrer de todas as nossas vidas.

E o que são organizações? São unidades sociais criadas por pessoas e constituídas de pessoas que interagem entre si no sentido de alcançarem objetivos específicos.[1] Assim, as organizações são propositadas e planejadamente construídas e elaboradas para atingir determinados objetivos e são reconstruídas, isto é, reestruturadas e redefinidas à medida que os objetivos são atingidos ou à medida que se descobrem meios melhores para alcançá-los com menor custo e menor esforço. Nunca chegam a constituir uma unidade pronta e acabada, mas um organismo social vivo e sujeito a mudanças.[2]

E por que estamos falando de organizações? Porque todas elas precisam ser administradas. A Administração é um fenômeno organizacional e social que ocorre somente em organizações. Para entender a Administração é fundamental conhecer as organizações e as suas características principais.

1.2 ORGANIZAÇÕES COMO SISTEMAS SOCIAIS

As organizações são sistemas, pois são constituídas de subsistemas ou partes integrantes que interagem dinamicamente entre si formando um todo complexo. Na verdade, são sistemas abertos, pois interagem com seu ambiente externo e intercambiam com ele energia, recursos e informação. Mais ainda, são sistemas sociais, pois são constituídas de pessoas que utilizam e aplicam recursos e competências.

Aumente seus conhecimentos sobre **As organizações como sistemas sociais** na seção *Saiba mais IAD* 1.1

As organizações são sistemas abertos constituídos de sistemas físicos e de sistemas abstratos que operam em consonância entre si. Uma universidade, por exemplo, dispõe de salas de aula, iluminação, computadores e sistemas de informação (sistemas físicos) no sentido de desenvolver um programa de educação (sistema abstrato).

Acima de tudo, as organizações são sistemas sociais complexos, pois são compostas de pessoas que atuam em diferentes atividades.

1.3 PARTICIPANTES DAS ORGANIZAÇÕES

As organizações não funcionam sozinhas. Elas necessitam de pessoas não somente para trabalhar, mas principalmente para criá-las, constituí-las, mantê-las e dar-lhes direção e impulso. Todas as organizações envolvem uma constelação de participantes internos e externos, que funcionam dentro de um complexo conjunto de interesses de seus participantes e com elementos do seu ambiente. Na realidade, cada organização forma uma intensa rede de relacionamentos internos e com outras organizações, instituições, grupos e pessoas para poder funcionar satisfatoriamente e alcançar seus objetivos.

Aumente seus conhecimentos sobre **Pontos de vista sobre organizações com fins lucrativos** na seção *Saiba mais IAD* 1.2

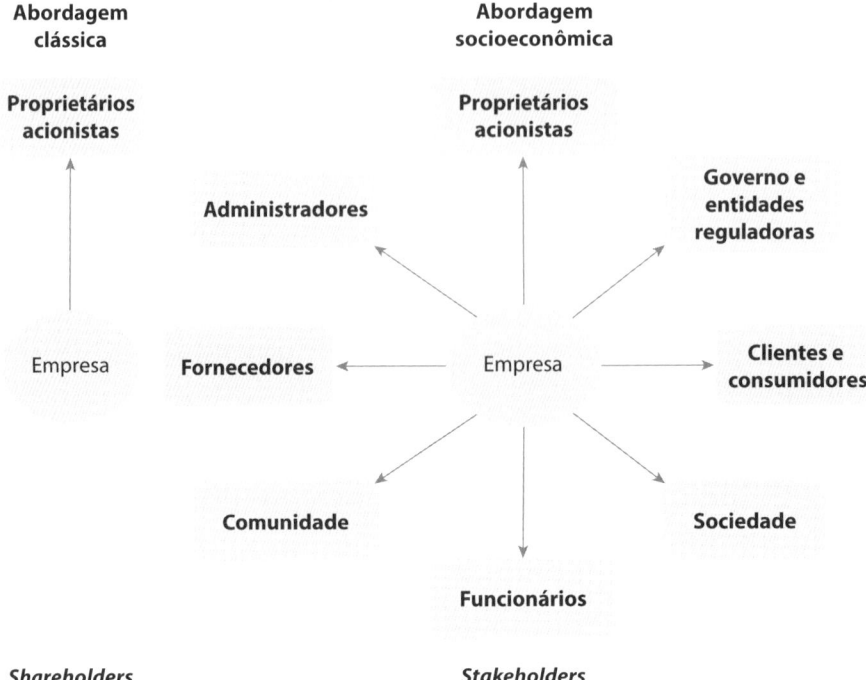

Figura 1.1 Shareholders e stakeholders como parceiros das organizações.

Os participantes podem estar tanto dentro (administradores e funcionários) quanto fora da organização (os demais *stakeholders*), mas todos participam de uma forma ou de outra do sucesso dela.

É dando que se recebe. Ainda mais:

> [...] as organizações não podem tratar seus *stakeholders* como se fossem públicos ocasionais ou fortuitos que surgem e desaparecem a seguir. Elas precisam tratar seus acionistas, investidores, clientes, fornecedores, administradores, colaboradores, como parceiros definitivos e constantes, engajá-los de alguma forma e conquistar sua adesão como se fossem indispensáveis para o crescimento e sustentabilidade do negócio.[3]

Capítulo 1 – As Organizações em um Ambiente Globalizado e Competitivo

Stakeholders	Investem e contribuem com	Esperam retornos e satisfações em
• Acionistas • Proprietários • Investidores	Capital e investimentos	Lucros, dividendos e sustentabilidade no longo prazo
• Clientes • Consumidores • Usuários	Aquisição de bens e serviços	Produtos e serviços com qualidade, preço, atendimento e satisfação
• Fornecedores • Prestadores de serviços • Concessionários	Insumos em geral, matérias-primas, serviços e tecnologias	Atividade econômica, novos negócios e lucros
• Presidente • Diretores • Gerentes	Competência administrativa e gestão dos negócios	Participação nos resultados do negócio
• Funcionários	Competências, dedicação e tarefas operacionais	Salários, benefícios, retribuições, satisfação, desenvolvimento, segurança e bem-estar
• Comunidade • Vizinhança	Espaço físico e social e infraestrutura imediata	Sustentabilidade econômica, social, cultural e ambiental
• Sociedade • Organizações • Agências reguladoras	Ambiente impulsionador de negócios	Satisfação de necessidades sociais, econômicas, culturais e ambientais
• Governo	Infraestrutura de apoio, saúde, educação, leis, segurança, etc.	Impostos, contribuições, desenvolvimento econômico, competitivo global

Figura 1.2 Os *stakeholders* da organização.[4]

>  **SAIBA MAIS** — *Stakeholders* × investimentos
>
> Na medida em que os investimentos são bem-sucedidos – isto é, quando produzem um retorno considerado justo e adequado – cada *stakeholder* envolvido no negócio tende a manter e sustentar seus investimentos na organização. Ou até mesmo incrementá-los. Quando os investimentos não são bem-sucedidos – isto é, quando produzem um retorno considerado baixo ou pequeno – cada *stakeholder* tende a diminuir ou suspender seus investimentos na organização e buscar outras onde passa a ser bem-sucedido. Tudo é uma questão de reciprocidade.[5]

1.4 CULTURA ORGANIZACIONAL

Para conhecer mais profundamente as organizações, é preciso saber o que acontece dentro delas. Isto é, como elas pensam, agem e se comportam. Na verdade, são as pessoas que atuam dentro delas que pensam, tomam decisões, agem e se comportam em função de seus relacionamentos com a organização da qual fazem parte. Assim, pessoas e organizações convivem em um intenso intercâmbio que exige certa reciprocidade de cada uma das partes em relação às outras. Nesse processo de reciprocidade, a organização realiza certas coisas para e pelo funcionário, remunera-o, dá-lhe segurança e *status*, investe em treinamento e desenvolvimento; reciprocamente, o funcionário responde trabalhando e desempenhando suas atividades e tarefas.[6] A organização espera que o funcionário obedeça à sua autoridade e, por seu turno, o funcionário espera que a organização se comporte adequadamente com ele e opere com justiça.

Capítulo 1 – As Organizações em um Ambiente Globalizado e Competitivo

O que as pessoas esperam da organização	O que a organização espera das pessoas
• Um excelente lugar para trabalhar • Oportunidades de crescimento profissional: educação e carreira • Reconhecimento e recompensas: salários, benefícios e incentivos • Liberdade e autonomia • Apoio e suporte: liderança renovadora • Empregabilidade e ocupabilidade • Camaradagem e coleguismo • Qualidade de vida no trabalho • Participação nas decisões • Divertimento, alegria e satisfação	• Foco na missão organizacional • Foco na visão de futuro da organização • Foco no cliente, seja interno ou externo • Foco em metas e resultados a alcançar • Foco em melhoria e desenvolvimento contínuo • Foco no trabalho participativo em equipe • Comprometimento e dedicação • Talento, habilidades e competências • Aprendizado constante e crescimento profissional • Ética e responsabilidade social

Figura 1.3 As expectativas recíprocas das pessoas e das organizações.[7]

Nesse mutável e dinâmico contexto altamente polarizado, cada organização desenvolve a sua cultura organizacional ou cultura corporativa. Para se conhecer uma organização, o primeiro passo é conhecer a sua cultura. Fazer parte de uma organização significa assimilar e vivenciar a sua cultura. Viver em uma organização, trabalhar nela, atuar em suas atividades, desenvolver carreira nela é participar intimamente de sua cultura organizacional. O modo como as pessoas interagem entre si em uma organização, as atitudes predominantes, as pressuposições subjacentes, as aspirações e os assuntos relevantes nessas interações entre os membros, tudo isso faz parte da cultura da organização.[8]

A cultura organizacional representa tanto as normas formais quanto as não escritas que orientam o comportamento dos membros de uma organização no seu cotidiano e que direcionam suas decisões e ações para a realização dos objetivos organizacionais.[9] Ela é o conjunto de hábitos, ritos, costumes, símbolos, normas, crenças e tabus estabelecidos por meio de atitudes, expectativas e valores compartilhados por todos os membros da organização. A cultura espelha a mentalidade que predomina em uma organização.[10] No fundo, a cultura organizacional é um padrão de aspectos básicos compartilhados – inventados, descobertos ou desenvolvidos por determinado grupo ou organização que aprende a enfrentar seus problemas de adaptação externa e integração interna – e que funciona bem a ponto de ser considerado válido e desejável para ser transmitido aos novos membros como a maneira correta de perceber, pensar e sentir em relação àqueles problemas.[11]

Cada organização tem a sua cultura, individual, singular e inconfundível. É lógico que a cultura organizacional passa por mudanças, mas existem organizações que procuram manter sua cultura tradicional ao longo do tempo. Toda mudança organizacional passa necessariamente por alguma mudança cultural em sua maneira de sentir e viver.

Aumente seus conhecimentos sobre **Cultura organizacional** na seção *Saiba mais IAD* 1.3

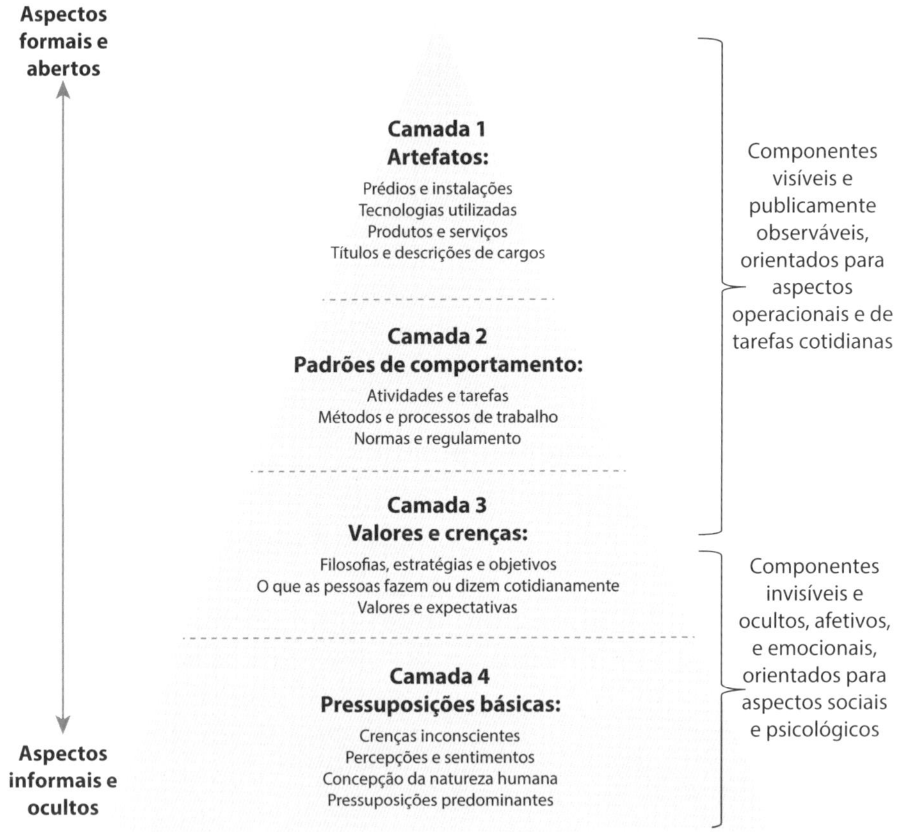

Aspectos formais e abertos

**Camada 1
Artefatos:**
Prédios e instalações
Tecnologias utilizadas
Produtos e serviços
Títulos e descrições de cargos

Componentes visíveis e publicamente observáveis, orientados para aspectos operacionais e de tarefas cotidianas

**Camada 2
Padrões de comportamento:**
Atividades e tarefas
Métodos e processos de trabalho
Normas e regulamento

**Camada 3
Valores e crenças:**
Filosofias, estratégias e objetivos
O que as pessoas fazem ou dizem cotidianamente
Valores e expectativas

Componentes invisíveis e ocultos, afetivos, e emocionais, orientados para aspectos sociais e psicológicos

**Camada 4
Pressuposições básicas:**
Crenças inconscientes
Percepções e sentimentos
Concepção da natureza humana
Pressuposições predominantes

Aspectos informais e ocultos

Figura 1.4 As diversas camadas da cultura organizacional.[12]

Quando se estuda a cultura de uma organização, um dos aspectos mais sensíveis é o chamado clima organizacional. Na verdade, o clima está intimamente relacionado com o nível de motivação dos membros da organização. Quando os participantes possuem elevada motivação – assunto que estudaremos mais adiante –, o clima organizacional tende a ser elevado e proporciona relações de satisfação, animação, interesse, colaboração e engajamento entre eles. Todavia, quando há baixa motivação entre os participantes, seja por frustração, seja por barreiras à satisfação das necessidades individuais, o clima organizacional tende a baixar, provocando estados de desinteresse, apatia, insatisfação, depressão, podendo, em casos extremos, chegar a estados de inconformidade, agressividade, tumulto, greves e piquetes. O clima organizacional representa o ambiente interno existente entre os participantes da organização em função do grau de motivação existente entre eles.[13] Cabe ao administrador cuidar para que o clima gere alegria, satisfação, entusiasmo e engajamento dentro da organização.

1.5 NÍVEIS ORGANIZACIONAIS

A atividade organizacional é complexa e precisa ser diferenciada em vários níveis hierárquicos. Em geral, as organizações apresentam três níveis organizacionais que tratam da sua administração:[14]

1. **Nível institucional**: também denominado nível estratégico, é o nível organizacional mais elevado. É constituído do presidente e dos diretores e trata dos assuntos globais da organização. O nível institucional é o nível mais periférico da organização, pois está em contato direto com o ambiente externo, com o mundo que rodeia a organização e recebe o impacto das mudanças e das pressões ambientais. Nesse nível, o administrador deve possuir uma visão estratégica, pois define a missão e os objetivos fundamentais do negócio.
2. **Nível intermediário**: também denominado nível tático ou gerencial, constitui o "meio do campo". É composto pelos gerentes e trata dos assuntos relativos às unidades ou departamentos da organização. Nesse nível, o administrador deve possuir uma visão tática.
3. **Nível operacional**: também denominado nível técnico, é o nível mais íntimo da organização e constitui a base inferior do organograma. É o nível interno que administra a execução e a realização das tarefas e das atividades cotidianas. Nesse nível, o administrador deve possuir uma visão operacional. Recebe o nome de supervisão, pois tem contato direto com a execução ou operação que é realizada pelos funcionários não administrativos que se incumbem da realização das tarefas e atividades rotineiras do dia a dia da organização.

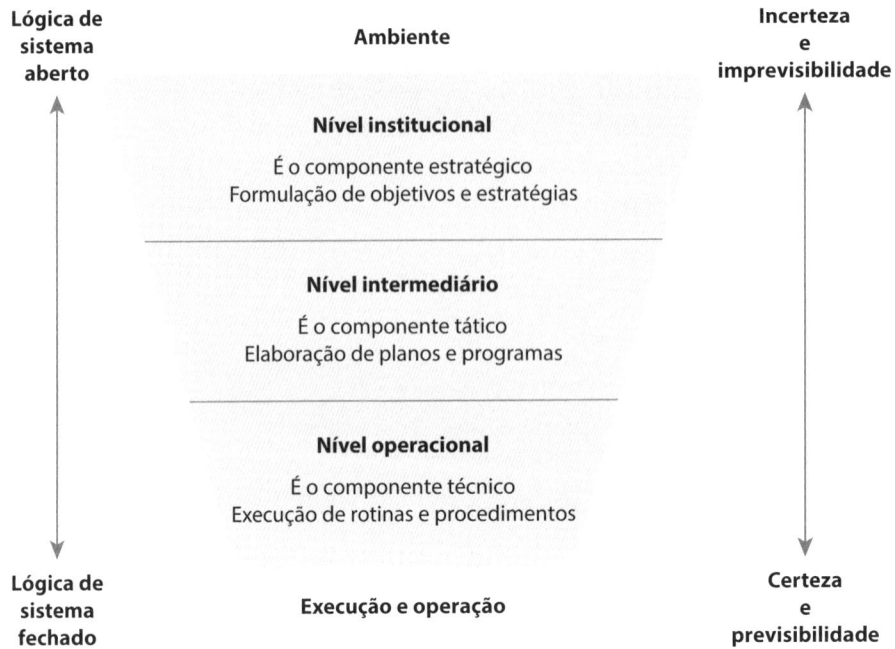

Figura 1.5 Os três níveis organizacionais.¹⁵

Cada um dos níveis organizacionais tem uma função específica, uma atuação diferente, uma abrangência própria e uma amplitude de tempo específica, como demonstra o Quadro 1.1.

Quadro 1.1 As características dos três níveis organizacionais¹⁶

Nível	Atuação	Abrangência	Amplitude de tempo
Institucional	Estratégico	Global, envolvendo toda a organização	Longo prazo
Intermediário	Tático	Parcial, envolvendo uma unidade da organização	Médio prazo
Operacional	Operacional	Específico, envolvendo determinada operação ou tarefa	Curto prazo

Assim, ocorre uma divisão do trabalho administrativo em cada organização, que pode ser representada pela Figura 1.6. O presidente lidera uma equipe de diretores; cada diretor lidera uma equipe de gerentes; cada gerente lidera uma equipe de supervisores; cada supervisor lidera uma equipe de colaboradores no nível de execução. Uma liderança de lideranças.

Capítulo 1 – As Organizações em um Ambiente Globalizado e Competitivo

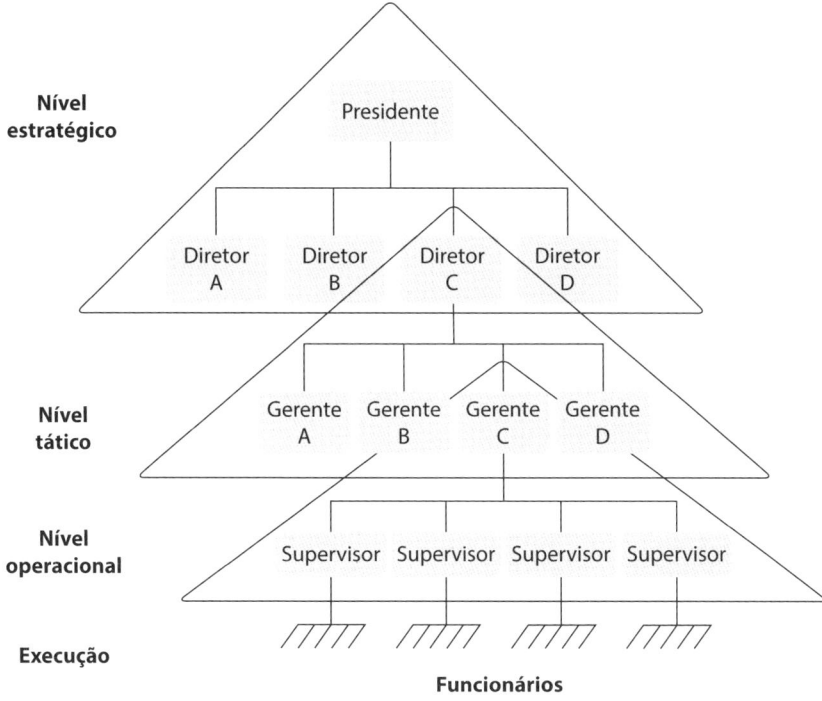

Figura 1.6 O aparato administrativo das organizações.[17]

No fundo, em todos os níveis organizacionais, administrar significa liderar pessoas nas organizações, como veremos adiante.

1.6 AMBIENTE DAS ORGANIZAÇÕES

As organizações não vivem ou operam no vácuo. Elas não são livres ou autônomas. Elas não estão sozinhas no mundo. Ambiente é tudo aquilo que envolve externamente um sistema. É o *habitat* do sistema. Para simplificar a complexidade do ambiente, vamos abordá-lo em dois segmentos distintos:[18]

1. **Macroambiente**: ou ambiente geral, é o ambiente comum a todas as organizações. É composto de variáveis econômicas, políticas, legais, sociais, tecnológicas, culturais e demográficas que influenciam todas as organizações em geral.

2. **Microambiente**: ou ambiente de tarefa, é o ambiente mais próximo, imediato e específico de cada organização. É composto das entradas – como fornecedores de matérias-primas, de serviços contábeis ou de propaganda, de insumos básicos, de energia etc. – e das saídas – como clientes, consumidores ou usuários. Além disso, inclui também as organizações concorrentes e as agências reguladoras.

A Figura 1.7 dá uma ideia simplificada do ambiente das organizações.

Figura 1.7 O macroambiente e o ambiente de negócios de uma organização.[19]

É desse ambiente de negócios que as organizações recebem constantes e crescentes pressões externas, que vêm do seu contexto externo. E precisam responder e adaptar-se a elas.

Quadro 1.2 Pressões externas sobre as organizações

Variáveis	De
Econômicas	Fornecedores
Sociais	Clientes e consumidores
Culturais	Intermediários
Políticas	Agências reguladoras
Legais	Concorrentes
Demográficas	
Tecnológicas	

Acontece que as organizações vivem em um ambiente dinâmico e competitivo no qual as outras organizações também participam e disputam os mesmos recursos humanos, materiais, tecnológicos e financeiros, e os mesmos clientes e fornecedores. É que vivemos em um mundo mutável e turbulento, em que a mudança é o aspecto constante. Como diz o filósofo grego Heráclito de Éfeso, há mais de 2.500 anos: "a única constante é a mudança". Raramente percebemos a mudança. Dizia ele que o rio que vemos não é mais o mesmo a cada instante, pois as suas águas já não são as mesmas.

 Acesse conteúdo sobre **A mudança é a única constante deste mundo** na seção *Tendências* em *IAD* 1.1

Drucker[20] dá o nome de **Era de Descontinuidade** para representar um mundo em que a mudança não se faz apenas por etapas sucessivas e lógicas como em um processo contínuo, mas por súbitas inflexões rápidas e bruscas e que nada têm a ver com o presente ou o passado. Essa descontinuidade provoca uma total ruptura com o passado e torna difícil qualquer previsão a respeito do futuro.

As mudanças e as transformações que ocorrem no mundo todo provocam profundos impactos na vida das organizações, já que elas próprias constituem parte integrante e inseparável das sociedades. O sucesso das organizações vai depender da capacidade de seus administradores de ler e interpretar a mutável realidade externa, rastrear as mudanças e as transformações, identificar oportunidades ao seu redor para responder pronta e adequadamente a elas, de um lado, e identificar ameaças e dificuldades para neutralizá-las ou amortecê-las, de outro lado. À medida que a conjuntura econômica se expande ou se retrai, que se alteram as necessidades dos clientes, que mudam os hábitos e as tendências do público, as organizações precisarão modificar agilmente a sua linha de ação, renovar-se, ajustar-se, transformar-se e adaptar-se rapidamente. Ou até mesmo se reinventar. Surgirão cada vez mais novos e diferentes problemas, enquanto os velhos permanecerão, mas com novas soluções. No fundo, os problemas apenas mudarão de figura, de natureza ou de roupagem, mas a mudança será sempre constante.[21]

Nessas condições dinâmicas e rapidamente mutáveis e voláteis, para alcançar eficiência e eficácia, a administração das organizações se transforma em uma das mais difíceis e complexas atividades. É preciso mirar fora da caixa e visualizar o entorno que envolve a organização e adotar uma mentalidade aberta no sentido de adaptar e ajustar repetidamente às mudanças que ocorrem rapidamente ao seu redor. É preciso também transformar as organizações tradicionais rígidas e lentas em organizações inovadoras, flexíveis e ágeis para que continuem adaptativas e competitivas. Saímos da Era Industrial, passamos pela Era da Informação e estamos adentrando na Era Digital. O mundo mudou e está mudando exponencialmente. E as organizações precisam ser reimaginadas para poderem alcançá-lo adequadamente. Esse é o caminho do sucesso.

> **SAIBA MAIS** — **Mais importante do que a terapêutica é o diagnóstico correto**
>
> Mais importante que o "como fazer" é "o que se deve fazer". Nisso reside a essência fundamental da Administração contemporânea: a visão estratégica. Ou, em outras palavras, a necessidade de visualizar cada ação dentro de um contexto ambiental mais amplo e que se modifica rapidamente a cada momento. Se isso é abordagem sistêmica ou abordagem contingencial, pouco importa. O que realmente deve ser considerado é que, em Administração, nada é absoluto ou definitivo. Tudo é relativo e tudo depende da situação e do momento da mudança. E essa situação e esse momento mudam repentinamente a cada instante. Aliás, essa visão expansiva e dinâmica é a consequência da ampliação do conceito de Administração, que veremos adiante.[22]

1.7 GLOBALIZAÇÃO E COMPETITIVIDADE

Existe uma nova ordem mundial. A globalização da economia veio mesmo para ficar. Ela está simplesmente derrubando fronteiras, queimando bandeiras, ultrapassando diferentes línguas e costumes, e criando um mundo inteiramente novo e diferente. As fronteiras dos negócios no mundo todo estão desaparecendo rapidamente.

 Aumente seus conhecimentos sobre **Globalização** na seção *Saiba mais IAD 1.4*

A globalização é um fenômeno mundial e irreversível devido:[23]

- Ao desenvolvimento e à intensificação da Tecnologia da Informação (TI) e dos transportes, fazendo do mundo uma verdadeira aldeia global na qual pessoas, produtos e capitais transitam rápida e facilmente. As conexões e as interações são exponenciais.
- À ênfase no conhecimento e não mais nas matérias-primas básicas. O capital financeiro cede espaço para o capital intelectual. O valor de mercado das empresas repousa no seu capital intelectual.
- À formação de espaços plurirregionais (como NAFTA, Comunidade Europeia, Mercosul) para facilitarem as transações mundiais.
- À internacionalização do sistema produtivo, do capital e dos investimentos.

- À automação intensa com a máquina substituindo o ser humano e o decorrente desemprego estrutural.
- À gradativa expansão dos mercados.
- Às dificuldades e às limitações dos Estados modernos.
- Ao predomínio das formas democráticas do mundo desenvolvido.
- À redução da possibilidade de uma conflagração mundial pela inexistência de polarização de blocos militares.

A globalização faz com que as relações econômicas superem os controles e as barreiras dos países, em uma incessante procura de produzir melhor a um custo menor em todo o mundo. E quem ganha mais com isso tudo? Todos. Além disso, qualquer país pode participar como ator ou figurante das rápidas mudanças que ocorrem na produção e no consumo de bens. Basta ter competências. Quanto maior a economia global, menores são as partes que a compõem e, consequentemente, mais poderosos se tornam os participantes menores. Para Naisbit,[24] o papel das pequenas empresas torna-se vital nesse novo contexto.

1.7.1 Estágios do processo de globalização

As organizações podem participar na área internacional em vários níveis distintos. O processo de globalização geralmente passa por quatro estágios distintos:[25]

1. **Estágio doméstico**: o mercado se limita ao mercado nacional, com todas as instalações de produção e marketing localizadas no país. A direção percebe o ambiente global e considera fortemente um possível envolvimento internacional como um objetivo importante.
2. **Estágio internacional**: as exportações aumentam e a organização adota uma abordagem multidoméstica, utilizando uma divisão específica para lidar com o marketing internacional em vários países individualmente.
3. **Estágio multinacional**: a empresa tem instalações de produção e marketing localizadas em vários países, com mais de um terço de suas vendas fora do país. Centraliza sua administração em um país ou opta por uma abordagem binacional com duas empresas pares em países separados, mantendo o controle de suas operações. Unilever e o grupo Royal Dutch/Shell são exemplos de empresas baseadas na Holanda e na Inglaterra, simultaneamente. É também o caso da Itaipú Binacional.
4. **Estágio global**: são as corporações internacionais e descentralizadas que operam de maneira global. Vendem e compram recursos em qualquer país

que ofereça as melhores oportunidades e ao mais baixo custo. A propriedade, os controles e a administração de topo tendem a ser dispersos entre várias nacionalidades.

O número de empresas sem país e sem nacionalidade está aumentando gradativamente, enquanto as barreiras nacionais estão sendo derrubadas. Empresas globais requerem executivos globais. Seus administradores precisam conhecer duas ou mais línguas e possuir experiência internacional. Essa é a nossa praia.

1.7.2 Características das organizações multinacionais

O tamanho e o volume dos negócios internacionais são tão grandes que se torna difícil compreendê-los em sua extensão. As vendas de muitas multinacionais são comparáveis ao Produto Nacional Bruto (PNB) de países europeus ou latino-americanos. As vendas do grupo Royal Dutch/Shell são maiores do que o PNB da Noruega, enquanto as vendas da General Electric ultrapassam o PNB de Israel. As organizações multinacionais ou transnacionais podem movimentar verdadeiras riquezas de ativos de um país para outro e influenciar economias nacionais, suas políticas e culturas. As organizações multinacionais em geral recebem mais de um quarto de suas vendas totais de operações fora de seus países de origem. Mas elas apresentam algumas características administrativas distintas, tais como:[26]

- A organização multinacional é um sistema integrado de negócios no mundo todo: afiliados estrangeiros trabalham em estreita aliança e cooperação entre si. Capital, tecnologia e pessoas são transferidos entre os vários países afiliados. A organização adquire materiais e manufatura, partes e componentes em que é mais vantajoso e em qualquer lugar do mundo.
- Uma organização multinacional é geralmente controlada por uma única autoridade administrativa: que toma as decisões estratégicas relacionadas com todas as afiliadas. Embora algumas matrizes sejam binacionais, existe certa centralização administrativa para manter a integração mundial e obter sinergia e maximização do lucro da organização como um todo.
- Os administradores de topo da organização multinacional têm uma perspectiva global: eles visualizam o mundo todo como um imenso mercado para decisões estratégicas, aquisição de recursos, localização da produção, propaganda e eficiência de marketing. O mundo é a sua praia.

Isso faz da globalização um imenso oceano de oportunidades e desafios. E inaugura uma era em que as distâncias não estão apenas ficando menores: elas estão desaparecendo. Tudo está virtualmente perto de tudo. Para os negócios, trata-se de uma revolução. O mundo encolheu e o mercado se tornou maior.

1.7.3 Competitividade

Competitividade é a capacidade de uma organização de cumprir sua missão para a qual foi criada com mais sucesso do que outras organizações. É a habilidade de atender às necessidades e às expectativas dos clientes ou da sociedade de maneira melhor do que os seus concorrentes ao mesmo tempo em que obtém uma rentabilidade igual ou superior à dos rivais no mercado. Refere-se à capacidade de competir com outras organizações em condições de superioridade. É claro que a competitividade reside na maneira de fazer as coisas – de maneira eficiente – e fazer as coisas certas – de maneira eficaz – para alcançar vantagens competitivas em relação aos concorrentes. Essas serão vantajosas e competitivas à medida que ajudam a apresentar uma oferta com características tais que ofereça razões para que o cliente escolha a sua oferta e não a dos seus concorrentes. Da mesma forma como ocorre com a competitividade, a vantagem competitiva é sempre uma posição relativa e comparativa dentro do seu mercado ou da sua indústria.

Existem três fatores que determinam a competitividade:[27]

1. **Fatores sistêmicos**: relacionados com o macroambiente em seus aspectos econômicos, tecnológicos, políticos, sociais, culturais etc., que influenciam de maneira mediata e genérica todas as organizações. É o caso da infraestrutura do país, dos transportes, das instituições, da legislação, do sistema educacional, do mercado financeiro etc.
2. **Fatores estruturais**: relacionados com o microambiente da organização, ou seja, com o mercado em que atuam em termos de oferta e de demanda, concorrência e agências reguladoras, e que influenciam de maneira mais próxima cada organização em seu ambiente de negócios.
3. **Fatores internos**: relacionados diretamente com o comportamento e as ações de cada organização no sentido de permanecer e concorrer no mercado. São aspectos que estão na alçada da organização e se referem à sua habilidade de tocar o negócio, atender às expectativas do mercado e oferecer bens e serviços que melhoram a qualidade de vida da sociedade. Tudo isso com vantagens competitivas sobre a concorrência.

Assim, a competitividade é um termo relativo e depende não somente das circunstâncias mediatas e imediatas, como também do comportamento de cada organização. Em geral, ela é o resultado de uma excelente administração.

1.8 MODERNAS TECNOLOGIAS

Um aspecto fundamental do ambiente contemporâneo é o enorme impacto das modernas tecnologias como forças dominantes em nossas vidas. Com computadores, internet, *Big Data*, Internet das Coisas, telefonia 5G, celulares, *tablets* e demais tecnologias de ponta, o trabalho jamais será o mesmo. Trabalho e produção assistidos por computador, sistemas de informação, inteligência artificial, algoritmos e outros desenvolvimentos tecnológicos fazem parte vital do nosso local de trabalho e de nossas vidas. O fato é que o trabalho está sendo totalmente dominado por códigos de barras, sistemas automáticos, correio eletrônico, telemarketing e o crescente uso das supervias de informação, como a internet, a intranet e agora as redes, as incríveis plataformas de apoio e os ecossistemas. O mundo de hoje não é mais linear. Ele passou a ser exponencial. Novos e diferentes paradigmas digitais evoluem com uma incrível rapidez. E as organizações e seu modelo de administração estão passando por mudanças e transformações em direção ao mundo digital.

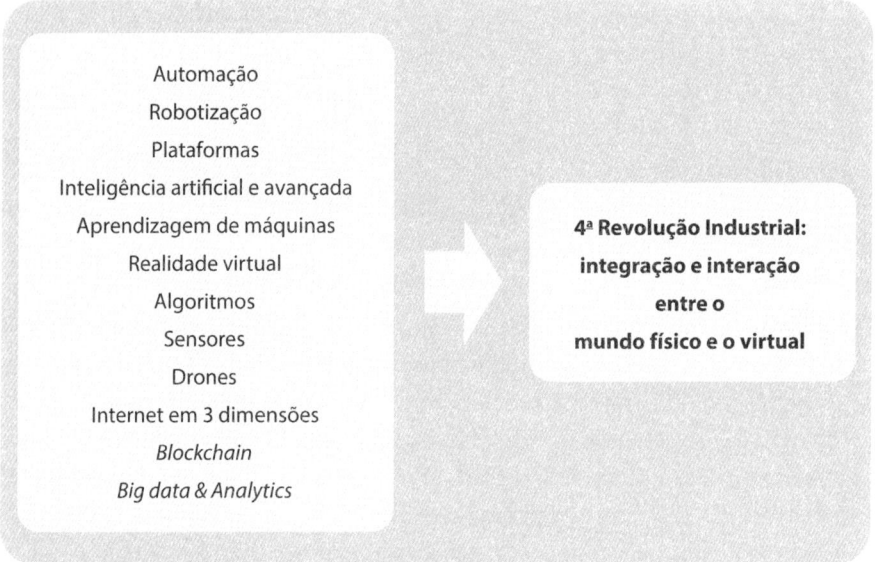

Figura 1.8 O mundo exponencial das modernas tecnologias.

Para muita gente, a tecnologia é o vilão da história: a máquina no lugar do homem, ocupando espaços antes ocupados por ele e provocando o desemprego estrutural. Entretanto, segundo Krugman,[28] não é a máquina que tira o trabalho do homem. O homem já vinha trabalhando feito máquina, apertando parafusos oito horas por dia durante a vida inteira. O avanço da tecnologia sempre exige maior qualificação e constante requalificação das pessoas. Com treinamento adequado qualquer pessoa mediana com uma escolaridade mínima e alguma experiência pode aprender a apertar botões, o que é mais fácil do que montar um televisor, redigir um anúncio no jornal ou costurar um vestido. Por outro lado, a TI está deslanchando a escola digital, que está democratizando o acesso ao conhecimento e ao aprendizado no decorrer de toda a vida.

Rifkin[29] agrega que o trabalhador mais barato do mundo não será tão barato quanto a tecnologia que vai substitui-lo. Os robôs estão se tornando cada vez mais complexos e inteligentes e custando cada vez mais barato. E vai mais além: pequenos grupos de trabalhadores de elite irão substituir a ocupação maciça de mão de obra, pois o processo de reestruturação organizacional e de modernização tecnológica está apenas no seu início com a 4ª Revolução Industrial pela frente.

A velocidade das transações e decisões de negócios é o maior desafio a ser ultrapassado pelas organizações e pelos países.[30] O mundo está ficando complicado pelas diferenças de poder baseadas no desenvolvimento econômico e, principalmente, no acesso à TI. A criação de riqueza consiste de uma rede global e em expansão de mercados, bancos, centros de produção e laboratórios em comunicação instantânea uns com os outros, constantemente intercambiando enormes e crescentes fluxos de dados, informação e conhecimento. E capitais junto. Em um mundo no qual a mudança acontece a uma velocidade crescente, a informação e a tecnologia precisam ser utilizadas para obter plena vantagem competitiva.[31]

Os grandes desafios que preocupam as cúpulas das organizações são muito variados: como enfrentar concorrentes globais; como investir em novas tecnologias, em novos produtos/serviços; como fazer alianças estratégicas com os concorrentes; como se comportar na era das redes – como a internet – e das plataformas, como participar mais intensamente das redes sociais para se relacionar diretamente com clientes e funcionários.

1.9 SUSTENTABILIDADE

As organizações não são criadas e administradas para viver uma vida curta. Pelo contrário, a expectativa é que elas tenham condições de uma existência longa, duradoura, que permaneçam durante gerações. Mas para que isso aconteça, elas precisam ter sustentabilidade, um conceito que ocupa gradativa importância nos negócios do mundo inteiro.

O conceito de **sustentabilidade** está associado à ideia de estabilidade, durabilidade e permanência no tempo e provém da palavra **sustentar** (do latim *sustinere*

= sustentar, defender, favorecer, manter, conservar, cuidar). Sustentabilidade é um conceito sistêmico que denota a capacidade de um sistema ou processo de sustentar ou suportar duras condições impostas externamente, mantendo sua permanência por determinado tempo. A sustentabilidade ganha força por meio do desenvolvimento sustentável. A Comissão Mundial sobre Meio Ambiente e Desenvolvimento da Organização das Nações Unidas (ONU) definiu o "desenvolvimento sustentável como o desenvolvimento capaz de suprir as necessidades da geração atual garantindo a capacidade de atender às necessidades das futuras gerações".[32] Essa definição procura harmonizar dois objetivos: o desenvolvimento econômico e a conservação ambiental. A ideia original era reduzir a degradação ambiental e a poluição e restituir os recursos naturais consumidos pelas organizações. Todavia, o conceito assumiu proporções mais amplas e passou a envolver muitos objetivos simultaneamente.

Hoje, o conceito de sustentabilidade é um conceito sistêmico que se ampliou e se relaciona com os aspectos econômicos, sociais, culturais e ambientais da sociedade humana.[33] Em outras palavras, a sustentabilidade de todo empreendimento humano precisa ser, ao mesmo tempo:[34]

- **Financeiramente viável**: é a responsabilidade econômica de proporcionar lucros e garantir retornos que viabilizem e garantam o futuro da organização. Com isso, a organização premia o sucesso do empreendedor, capitalista ou investidor que enfrenta o risco do negócio. Refere-se ao capital financeiro gerado pela organização.
- **Socialmente justo**: é a responsabilidade social de servir à sociedade e entregar produtos e serviços adequados às suas necessidades e expectativas. Com isso, a organização oferece melhor qualidade de vida à sociedade. Refere-se ao capital social gerado pela organização.
- **Culturalmente adequado**: é a responsabilidade cultural de oferecer condições de aprendizagem e geração e compartilhamento de conhecimento tanto aos seus funcionários quanto aos usuários de seus produtos e serviços. Com isso, a organização enriquece e torna seus membros e usuários mais ricos intelectualmente. Refere-se ao capital intelectual gerado pela organização.
- **Ecologicamente correto**: é a responsabilidade ambiental de cuidar e proteger a natureza e salvaguardar o planeta e sua biodiversidade. Com isso, a organização repõe aquilo que ela tira da natureza e cria condições para a defesa ecológica. Refere-se ao capital ecológico gerado pela organização.

A organização constitui, hoje, o maior gerador de riqueza – financeira, social, cultural e ambiental – que se conhece. Toda a atividade humana deve ser exercida de tal forma que a sociedade e seus membros possam preencher suas necessidades e expressar seu maior potencial no presente e, ao mesmo tempo, preservar a biodiversidade e os ecossistemas naturais, planejando e agindo de forma a atingir a manutenção desses ideais.[35] A externalidade influencia o sucesso de cada organização.

1.10 ÉTICA E RESPONSABILIDADE SOCIAL

Responsabilidade social é o grau de obrigações de uma organização em assumir ações que protejam e melhorem o bem-estar da sociedade à medida que ela procura atingir seus próprios interesses. Refere-se ao grau de eficiência e eficácia que uma organização apresenta no alcance de suas responsabilidades sociais. Para Drucker, a responsabilidade social é a área em que a empresa decide qual será seu papel na sociedade, estabelece seus objetivos sociais e suas metas de desempenho e de influências na sociedade em que atua.[36]

Contudo, a responsabilidade social de uma empresa é muito mais do que respeitar acordos contratuais com funcionários, fornecedores, clientes ou sindicatos. Ela representa o compromisso sério e permanente em adotar um comportamento ético e transparente em todas as suas atividades e contribuir para a melhoria da qualidade de vida da sociedade e da comunidade local, incluindo seus funcionários, clientes e fornecedores.

Uma organização socialmente responsável é aquela que desempenha as seguintes obrigações:[37]

- Incorpora objetivos sociais em seus processos de planejamento.
- Aplica normas comparativas de outras organizações em seus programas sociais.
- Apresenta relatórios aos membros organizacionais e aos parceiros sobre os progressos na sua responsabilidade social.
- Experimenta diferentes abordagens para medir o seu desempenho social.
- Procura medir os custos dos programas sociais e o retorno dos investimentos em programas sociais.

Figura 1.9 As múltiplas relações éticas de cada organização.[38]

1.10.1 Responsabilidade ambiental

A responsabilidade ambiental é o conjunto de atitudes individuais ou organizacionais voltado para o desenvolvimento sustentável do planeta. São atitudes que estão em consonância com desenvolvimento econômico, social e cultural ajustado à proteção do meio ambiente tanto na atualidade quanto para as gerações futuras, garantindo a sustentabilidade da natureza e do planeta.

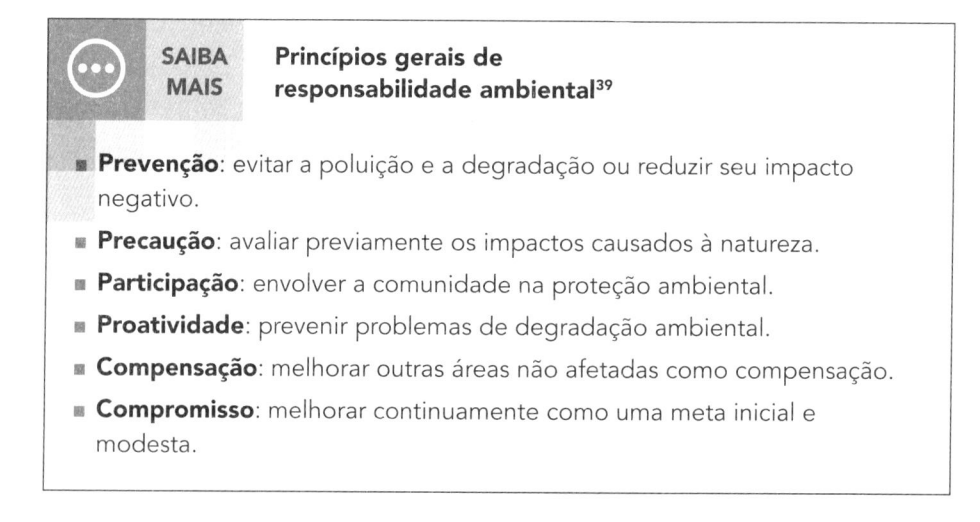

SAIBA MAIS

Princípios gerais de responsabilidade ambiental[39]

- **Prevenção**: evitar a poluição e a degradação ou reduzir seu impacto negativo.
- **Precaução**: avaliar previamente os impactos causados à natureza.
- **Participação**: envolver a comunidade na proteção ambiental.
- **Proatividade**: prevenir problemas de degradação ambiental.
- **Compensação**: melhorar outras áreas não afetadas como compensação.
- **Compromisso**: melhorar continuamente como uma meta inicial e modesta.

Existem atitudes que demonstram a responsabilidade ambiental das organizações, tais como: criar e implantar um sistema de gestão ambiental na empresa; criar produtos que provoquem o mínimo impacto ambiental possível; treinar e informar os funcionários sobre a importância da sustentabilidade; tratar, economizar e reutilizar água dentro do processo produtivo; reciclar lixo e dejetos e tudo o mais, de modo que a natureza não seja agredida pela atividade direta ou indireta da organização. Outras ações, como dar prioridade ao transporte coletivo e não poluente ou com baixo índice de poluição em vez do transporte individual, servem para mostrar às pessoas a importância de não causar danos ao planeta.

Cabe ao administrador a conscientização de todos os participantes de dentro e fora da organização no sentido de respeitar a natureza e atender às expectativas dos *stakeholders* para que sua organização seja eficiente e eficaz em relação a todos os componentes de suas relações com o mundo que a cerca. Responsabilidade financeira, responsabilidade social, responsabilidade cultural e responsabilidade ambiental são as molas do progresso e do bem-estar de toda a sociedade. É exatamente para isso que existem as organizações. As responsabilidades do administrador estão todas aí. Esse é o papel primordial do administrador. E é isso que a sociedade vai cobrar dele, mais cedo ou mais tarde.

> **SAIBA MAIS**
>
> **Organizações de classe mundial**
>
> São organizações que se destacam pela adoção de práticas excelentes e pelos excelentes resultados que oferecem. Em geral, promovem interna e externamente a reputação da excelência dos produtos e serviços que oferecem, contribuem para a competitividade do país e, de alguma forma, para a melhoria da qualidade de vida da sociedade. Estão entre as melhores empresas do mundo em gestão organizacional, seja adotando ou não um modelo já conhecido ou criando o seu próprio modelo de gestão.[40] Frente à nova realidade dos negócios globais, são organizações preocupadas em modernizar-se não apenas nos seus aspectos organizacionais e tecnológicos, mas, sobretudo, nos aspectos relacionados com cultura e mentalidade para poderem melhorar seu desempenho no cenário mundial.

QUESTÕES PARA REVISÃO

1. O que você entende por globalização? Explique suas características.
2. Quais os impactos da globalização em nossas organizações?
3. Por que se fala em competitividade em uma economia globalizada?
4. Como tornar uma organização competitiva em um mundo competitivo?
5. Qual a influência da mudança tecnológica e da informação nas organizações?
6. Quais as mudanças no conceito de emprego?
7. Qual a importância do setor não lucrativo no mundo atual?
8. Por que o setor não lucrativo é a chave do emprego no futuro?
9. Qual a importância dos valores e das leis na administração das organizações?
10. Explique a responsabilidade social.
11. Quais os passos das organizações para desenvolver a responsabilidade social?
12. Como transformar uma organização em uma organização de classe mundial?

REFERÊNCIAS

1. PARSONS, T. *Structure and Process in Modern Societies*. Glencoe: The Free Press, 1962. p. 17.
2. CHIAVENATO, I. *Fundamentos de Administração*. 2. ed. São Paulo: Atlas, 2021.
3. CHIAVENATO, I. *Os Novos Paradigmas*: como as mudanças estão mexendo com as empresas. 5. ed. São Paulo: Manole, 2008. p. 312.
4. CHIAVENATO, I. *Administração nos Novos Tempos*. 4. ed. São Paulo: Atlas, 2020.
5. CHIAVENATO, I. *Os Novos Paradigmas*, op. cit., p. 312.
6. LEVINSON, H. Reciprocation: the relationship between man and organization. *Administrative Science Quarterly*, v. 9, n. 4, p. 373, 1965.
7. CHIAVENATO, I. *Recursos Humanos*: o capital humano das organizações. 11. ed. São Paulo: Atlas, 2020. p. 97.
8. CHIAVENATO, I. *Recursos Humanos*, op. cit., p. 99.
9. CHIAVENATO, I. *Administração* nos *Novos Tempos*, op. cit., p. 172.
10. CHIAVENATO, I. *Administração nos Novos Tempos*, op. cit., p. 172-173.
11. SCHEIN, E. *Organizational Culture and Leadership*. San Francisco: Jossey Bass, 1992.

12. HUNT, J. *Leadership*: a new synthesis. Thousand Oaks: Sage Publications, 1991. p. 221.
13. CHIAVENATO, I. *Recursos Humanos*, op. cit., p. 103.
14. CHIAVENATO, I. *Introdução à Teoria Geral da Administração*. 10. ed. São Paulo: Atlas, 2020.
15. CHIAVENATO, I. *Administração de Empresas*: uma abordagem contingencial. São Paulo: McGraw-Hill do Brasil/Makron Books, 1995. p. 93.
16. CHIAVENATO, I. *Introdução à Teoria Geral da Administração*, op. cit.
17. CHIAVENATO, I. *Administração*: teoria, processo e prática. 6. ed. São Paulo: Atlas, 2022.
18. CHIAVENATO, I. *Introdução à Teoria Geral da Administração*, op. cit.
19. CHIAVENATO, I. *Introdução à Teoria Geral da Administração*, op. cit.
20. DRUCKER, P. F. *Uma Era de Descontinuidade*: orientações para uma sociedade em mudança. Rio de Janeiro: Zahar, 1970.
21. CHIAVENATO, I. *Os Novos Paradigmas*, op. cit., p. 312.
22. CHIAVENATO, I. *Introdução à Teoria Geral da Administração*, op. cit.
23. MARTINS, I. G. S. Conheça os perigos e desafios da globalização. *O Estado de São Paulo*, Caderno de Empresas, 28 maio 1977, p. 1.
24. NAISBIT, J. *O Paradoxo Global*: quanto maior a economia mundial, mais poderosos são os seus protagonistas menores: nações, empresas e indivíduos. Rio de Janeiro: Campus, 1995.
25. CHIAVENATO, I. *Administração nos Novos Tempos*, op. cit.
26. DAFT, R. L. Management, op cit., p. 97-98.
27. CHIAVENATO, I. *Administração nos Novos Tempos*, op. cit.
28. KRUGMAN, P. *Pop Internationalism*. Rio de Janeiro: Campus, 1997.
29. RIFKIN, J. *O Fim dos Empregos*: o declínio inevitável dos níveis dos empregos e a redução da força global de trabalho. São Paulo: Makron Books, 1996.
30. TOFFLER, A.; TOFFLER, H. *Powershift*: knowledge, wealth and violence at the edge of the 21st Century. Nova York: Bantam, 1990.
31. TOFFLER, A. Toffler's Next Shock. *The World Monitor*, november 1990, p. 37.
32. ORGANIZAÇÃO DAS NAÇÕES UNIDAS (ONU). *Comissão Mundial sobre o Meio Ambiente e Desenvolvimento*. United Nations Conference on the Human Environment, UNCHE, Estocolmo, 5 a 16 de junho de 1972.
33. HARGROVES, K.; SMITH, M. (eds.). *The Natural Advantage of Nations*: business opportunities, innovation and governance in the 21st Century. Nova York: Hardback, Earthscan/James & James, 2005.
34. CHIAVENATO, I. *Administração nos Novos Tempos*, op. cit.

35. Disponível em: https://www.wwf.org.br/participe/porque_participar/sustentabilidade/. Acesso em: 25 ago. 2022.
36. DRUCKER, P. F. *Administração de Organizações Sem Fins Lucrativos*: princípios e práticas. São Paulo: Pioneira, 1997.
37. LIPSON, H. A. Do Corporate Executives Plan for Social Responsibility. *Business and Society Review*, p. 80-81, winter 1974-75.
38. CHERMERHORN JR., J. R. *Management*. Nova York: John Wiley & Sons, 1996. p. 115.
39. CHIAVENATO, I. *Administração nos Novos Tempos, op. cit.*
40. FUNDAÇÃO NACIONAL DE QUALIDADE. *Critérios de Excelência – O Estado da Arte da Gestão para a Excelência do Desempenho*. São Paulo: FPNQ, 2010. *Vide*: www.fnq.org.br.

2 COMO PROSPEROU A ADMINISTRAÇÃO

> **O QUE VEREMOS ADIANTE**
> - Revolução Industrial.
> - Era da Informação.
> - Era Digital.
> - O surgimento da Administração.
> - Questões para revisão.

A Administração é um fenômeno social e organizacional que surgiu no limiar do século 20 e que mudou radicalmente a face do mundo dos negócios. Sua história é recente, mas foi o fruto de incontáveis tentativas de empreendedores no sentido de criar condições de competir e sustentar organizações ao longo dos tempos.

Desde os primórdios da humanidade, o ser humano associou-se a outros semelhantes para conseguir, por meio do esforço coletivo, defender-se dos perigos do ambiente em que vivia ou para atingir determinados objetivos que sozinho jamais conseguiria alcançar. Ao longo de milênios, desse esforço conjunto surgiram as organizações rudimentares para cuidar da vida pública e que remontam à época dos assírios, babilônios, fenícios e egípcios. Depois vieram os gregos com sua cultura helênica e os romanos com a expansão do império e a criação de cidades. Isso é pura história da humanidade. Porém, a história da Administração é relativamente recente e surgiu com o aparecimento das grandes organizações. A pré-história da Administração foi um fenômeno que causou a ruptura do artesanato e provocou o aparecimento das grandes organizações e da moderna Administração e ocorreu no final do século 18, estendendo-se ao longo do século 19 e emergindo ao limiar do século 20.

2.1 REVOLUÇÃO INDUSTRIAL

O ponto de partida desse fenômeno que trouxe rápidas e profundas mudanças econômicas, sociais e políticas recebeu o nome de Revolução Industrial. Ela teve início na Inglaterra com a invenção da máquina a vapor, por James Watt, em 1776. Rapidamente, uma nova forma de criar energia se estendeu a uma enorme variedade de utilidades. A aplicação da máquina a vapor no processo de produção provocou um incrível aumento de produtividade e um enorme surto de industrialização, que se estendeu rapidamente a toda a Europa e os Estados Unidos.

A Revolução Industrial desenvolveu-se em duas fases distintas, que serão apresentadas a seguir.

2.1.1 1ª Revolução Industrial

Começa com a introdução da máquina de fiar, do tear hidráulico e, em seguida, com a do tear mecânico e do descaroçador de algodão, provocando a mecanização das oficinas e da agricultura. O trabalho do ser humano, do animal e da roda d'água foi substituído pelo trabalho da máquina a vapor, surgindo o sistema fabril.

Inicialmente, ocorre a transformação das pequenas oficinas de artesanato em fábricas. Começa assim o fenômeno da industrialização. Nessa primeira fase, que se situa entre 1780 e 1860, acontece a revolução do carvão (como principal fonte de energia) e do ferro (como principal matéria-prima). O antigo artesão doméstico transforma-se no operário e a pequena oficina patronal cede lugar à fábrica e à usina. Os produtos tornam-se gradativamente melhores e mais baratos. As novas oportunidades de trabalho provocam verdadeiras migrações e consequente urbanização ao redor de centros industriais. Há uma revolução nos meios de transporte e comunicações: surge a navegação a vapor, a locomotiva a vapor, o telégrafo e o telefone. Aqui começa a acontecer a evolução gradativa do capitalismo industrial para o capitalismo financeiro.

> Aumente seus conhecimentos sobre **Do rural para o industrial** na seção *Saiba mais IAD 2.1*

2.1.2 2ª Revolução Industrial

É a revolução da eletricidade e de derivados de petróleo (como as novas fontes de energia) e do aço (como a nova matéria-prima), que aconteceu entre 1860 e 1914.

Foi o período de introdução definitiva da maquinaria automática e da especialização do operário. Há uma intensa transformação nos meios de transporte e nas comunicações: surge a estrada de ferro, o automóvel, o avião, o telégrafo sem fio, o rádio. O capitalismo financeiro consolida-se e surgem as grandes organizações multinacionais – como Standard Gil, General Electric, Westinghouse, Siemens, DuPont, United States Steel etc.

Ao final desse período, o mundo já não era mais o mesmo. A Revolução Industrial plantou as bases que permitiriam o aparecimento da moderna Administração:[1]

- **Crescimento acelerado e desorganizado das empresas**: essas passaram a exigir uma administração científica capaz de substituir o empirismo e a improvisação que levavam ao desperdício e a enormes perdas.
- **Necessidade de obtenção de eficiência e produtividade**: nas empresas para fazer face à intensa concorrência e competição no mercado.

2.1.3 As mudanças no mundo das empresas

A Revolução Industrial provocou o surgimento da Era Industrial. Esta ultrapassou, de longe, a Era da Agricultura. Isso não significou o fim da agricultura, mas o início de um novo período em que predominou a atividade industrial em detrimento da atividade agrícola. Durante toda a Era Industrial, as mudanças foram relativamente lentas, progressivas, sequenciais e quase sempre previsíveis, permitindo que as empresas fizessem planos de longo prazo. O maior cuidado estava em manter o *status quo* e o conservadorismo nas atividades empresariais no sentido de aumentar a eficiência da produção. Predominava a ênfase nos produtos físicos, nos bens de produção e nos recursos da empresa, principalmente nos seus recursos financeiros. Foi a era da fábrica e da empresa de concreto e de tijolo feitas para durar, se possível, para sempre.

2.2 ERA DA INFORMAÇÃO

A partir da década de 1980, o mundo dos negócios começou a perceber que uma nova e diferente era estava surgindo: a Era da Informação. Uma nova onda que ultrapassou a Era Industrial em termos de importância. Isso não significou o fim da indústria, mas um novo e diferente período em que a informação ultrapassou fronteiras e idiomas com a ajuda da Tecnologia da Informação (TI). As mudanças se tornaram cada vez mais rápidas, velozes e profundas, e a incerteza e a imprevisibilidade se tornaram cada vez mais intensas. Para acompanhar tanta mudança, as empresas tiveram de aumentar sua rapidez, agilidade, prontidão, mudança e renovação, seja de suas atividades, de seus produtos e serviços, de seus métodos e processos e, principalmente, de sua administração. O Quadro 2.1 dá uma ideia comparativa das duas eras.

Quadro 2.1 As características da Era Industrial e da Era da Informação[2]

Era Industrial	Era da Informação
■ Fábrica – empresa física e tangível	■ Empresa virtual e em rede
■ Empresa de cimento e concreto	■ Empresa de *bites* e *bytes*
■ Máquinas e equipamentos	■ Computadores e terminais
■ Estabilidade e permanência	■ Mudança e instabilidade
■ Manter o *status quo*	■ Mudar e inovar
■ Mão de obra braçal – trabalho muscular	■ Conhecimento – trabalho cerebral
■ Emprego único, tradicional e presencial	■ Atividade compartilhada, engajada e virtual
■ Trabalho individual, isolado e solitário	■ Trabalho em equipe, participativo e solidário
■ Gerência tradicional	■ Liderança, *coaching* e *mentoring*
■ Impor ordens e comandos	■ Conquistar a colaboração
■ Obediência cega às regras e aos regulamentos	■ Empreendedorismo e intraempreendedorismo
■ Especialização e foco em uma única atividade	■ Flexibilidade, multifuncionalidade e polivalência
■ Capital financeiro	■ Capital intelectual

Na Era da Informação, passou a imperar a empresa em redes de conexões e que também faz negócios por meio de modelos virtuais. Enquanto na Era Industrial a ênfase estava nos recursos, no tamanho organizacional e na perpetuidade, na Era da Informação a ênfase está na conectibilidade, na competitividade e na sustentabilidade. Na primeira, as pessoas eram fornecedoras de mão de obra e trabalho muscular; na segunda, as pessoas são fornecedoras de conhecimento e trabalho cerebral e intelectual. Na Era Industrial, os resultados eram dedicados exclusivamente ao acionista ou proprietário (*shareholder*); na Era da Informação, os resultados são distribuídos em 360° para os diversos grupos de interesses envolvidos no negócio da organização (*stakeholders*) e de acordo com sua contribuição ao sucesso empresarial.

Aumente seus conhecimentos sobre **3ª revolução industrial no Brasil: um pouco de história** na seção *Saiba mais IAD 2.2*

2.3 ERA DIGITAL

Mais rápido do que esperávamos, chegou a Era Digital. E tornou-se comum falar em empresas grandes e empresas antigas. Empresas globais com sucesso digital – como Amazon,[3] LEGO, Philips, Microsoft – costumam ser referências no mundo todo. O que acontece é que muitas empresas já estabelecidas implantaram tecnologias digitais – como nuvem, aplicativos móveis, internet das coisas e inteligência artificial – com rapidez. Apesar de não terem sido criadas ou projetadas para o digital. Na economia digital, ocorre um ritmo acelerado de mudança tanto nos recursos de tecnologia quanto no desejo do cliente. Isso conduz à necessidade de uma estratégia de negócios fluida e o *design* de negócios tornou-se uma responsabilidade crítica da Administração. Esse *design* de negócios para ser eficaz deve permitir que a organização atua de forma extremamente rápida a novas oportunidades ou ameaças competitivas.[4] Todavia, a tradicional estrutura organizacional das empresas constitui uma inibição em vez de possibilitar a agilidade necessária. Nas empresas que são projetadas para o digital, as pessoas, os processos, os dados e a tecnologia são devidamente sincronizados para rapidamente identificar e proceder a soluções inovadoras e redefinir sua estratégia. Contudo, o *design* digital não constitui uma estratégia em si, mas é aquilo que separa os vencedores dos perdedores na nova economia digital.[5]

Acontece que o ponto de partida para uma transformação digital de negócios não é só tecnologia, mas, principalmente, pessoas e processos. Além disso, na arquitetura digital, o mais importante é uma teoria da unificação para a gestão digital, o que inclui a experimentação, a entrega de inovação e a criação de plataformas para oferta de negócios digitais. Administradores e empreendedores precisarão aprender a viver em dois mundos: na economia convencional e tradicional e na economia de plataformas. Elas operam para fins comerciais em um mercado ou ecossistema, reunindo indivíduos e organizações para que possam inovar e interagir, criando valor muito além do que faziam as organizações convencionais. Amazon, Apple e Microsoft, Facebook e Google são atores dominantes que diferem das poderosas corporações do passado.[6] E tudo isso está chegando cada vez mais depressa e com maior intensidade, como uma verdadeira avalanche. Com uma rapidez exponencial, as tecnologias modernas estão transformando os negócios ao redor de todo o mundo.[7]

Aumente seus conhecimentos sobre **Era Digital** na seção *Saiba mais IAD 2.3*

2.4 O SURGIMENTO DA ADMINISTRAÇÃO

A moderna Administração surgiu no início do século passado, quando dois engenheiros publicaram suas experiências. Um era norte-americano, Frederick Winslow Taylor (1856-1915), que veio a desenvolver a chamada Escola da Administração Científica, com a preocupação de aumentar a eficiência da indústria por meio da racionalização do trabalho dos operários. O outro engenheiro era o francês Henri Fayol (1841-1925), que desenvolveu a chamada Escola Clássica da Administração, com a preocupação de aumentar a eficiência da empresa por meio de sua organização e da aplicação de princípios gerais de administração. Embora esses dois precursores da administração jamais se tenham comunicado entre si e seus pontos de vista sejam diferentes, até mesmo opostos, o certo é que suas ideias se complementam, razão pela qual suas teorias dominaram as cinco primeiras décadas do século passado no panorama da Administração das empresas.

A partir desses dois pioneiros, a pequena história da Administração moderna pode ser assim resumida, nas seguintes teorias ou escolas que lhes sucederam.[8]

2.4.1 Teoria da Administração Científica

Foi desenvolvida por engenheiros americanos seguidores de Taylor, como Gilbreth, Gantt etc. Preocupava-se principalmente com a organização das tarefas, isto é, com a racionalização do trabalho dos operários. A Administração Científica procurava eliminar o desperdício na base da empresa, ou seja, no chão da fábrica, por meio da adoção de métodos de trabalho e, assim, aumentar a eficiência e a produtividade. Baseava-se em princípios de administração:

- **Princípio de planejamento**: substituir no trabalho o critério individual do operário, improvisação e atuação empírico-prática por métodos baseados em procedimentos científicos. Substituir a improvisação pela ciência por meio do planejamento do método de trabalho.
- **Princípio de preparo**: selecionar cientificamente os trabalhadores de acordo com suas aptidões e prepará-los e treiná-los para produzirem mais e melhor, de acordo com o método planejado. Preparar máquinas e equipamentos em um arranjo físico e disposição racional.
- **Princípio do controle**: controlar o trabalho para se certificar de que este está sendo executado de acordo com os métodos estabelecidos e segundo o plano previsto. A gerência deve cooperar com os trabalhadores para que a execução seja a melhor possível.

- **Princípio da execução**: distribuir atribuições e responsabilidades para que a execução do trabalho seja disciplinada.

> Aumente seus conhecimentos sobre **O Homo Economicus ×
> O Homo Social** na seção *Saiba mais IAD 2.4*

2.4.2 Teoria Clássica da Administração

Foi desenvolvida por seguidores das ideias de Henri Fayol. Preocupava-se principalmente com a estrutura organizacional, a departamentalização e a adoção do processo administrativo para fortalecer as empresas. A Teoria Clássica procurava desenvolver princípios gerais de administração para planejar, organizar, dirigir e controlar as atividades da empresa. Recentemente, a Escola Clássica reapareceu a partir da década de 1950 com Peter Drucker e a chamada Escola Neoclássica, preocupada com a Administração por Objetivos.

2.4.3 Teoria das Relações Humanas

Desenvolvida a partir de 1940 nos Estados Unidos, em função dos resultados da Experiência de Hawthorne, que indicou a presença do fator humano na empresa. Psicólogos sociais tentaram combater o excessivo racionalismo e mecanicismo dos engenheiros tanto da Administração Científica quanto da Teoria Clássica. É uma abordagem preocupada principalmente com as pessoas, com os grupos sociais e com a organização informal da empresa. Procurou dar um toque humanístico na administração, até então focada exclusivamente em aspectos técnicos.

2.4.4 Teoria Estruturalista

Desenvolvida a partir da década de 1950, a fim de tentar integrar todas as teorias das diferentes escolas anteriormente enumeradas. Até então, a administração era tratada de maneira restrita e limitada. A Escola Estruturalista teve início com a Teoria da Burocracia desenvolvida por Max Weber e trouxe uma abordagem mais abrangente da administração. Foi desenvolvida por sociólogos organizacionais que se preocuparam em analisar as organizações do ponto de vista de sua estrutura. Contudo, mirar apenas a estrutura organizacional constituiu uma abordagem extremamente limitada e rígida.

2.4.5 Teoria Comportamental

Mais recentemente, a partir da década de 1960, a abordagem das relações humanas ressurgiu ampliada com novas ideias, com o nome de Teoria do Comportamento Organizacional ou Teoria Comportamental, focada mais no comportamento global da empresa do que propriamente no comportamento individual das pessoas ou de grupos sociais tomados isoladamente. Segundo essa abordagem, as pessoas são incansáveis processadoras de informação e tomadoras de decisão, isto é, recebem e processam informações do ambiente que as rodeia e tomam incessantemente decisões a respeito de todos os seus atos cotidianos e corriqueiros.

2.4.6 Teoria de Sistemas

Desenvolvida a partir da década de 1970, passou a abordar a empresa como um sistema aberto em contínua interação com o meio ambiente que a envolve. Seu mérito foi tratar a empresa como um todo abrangente composto de subsistemas intimamente relacionados e em dinâmico intercâmbio com o seu mundo exterior.

2.4.7 Teoria da Contingência

Desenvolvida no final da década de 1970, graças à influência abrangente da teoria de sistemas. Para essa teoria, a empresa e sua administração são variáveis dependentes do que ocorre no ambiente externo que as circunda. As mudanças ambientais provocam mudanças na estrutura e na dinâmica das empresas e vice-versa. À medida que o meio ambiente muda, a empresa e sua administração também precisam mudar para se ajustar continuamente. Isso significa que, em Administração, tudo é relativo e nada é absoluto. Se o ambiente é dinâmico e competitivo, a empresa também precisa sê-lo. Para a Teoria da Contingência, tudo o que ocorre na empresa depende da situação e do ambiente externo. O entorno – na forma de mercados, sociedade, governo, clientes, fornecedores, concorrentes – traz oportunidades e facilidades, assim como ameaças e restrições à empresa. Esta precisa saber prontamente aproveitar as oportunidades e as facilidades de negócios e se desvencilhar das ameaças, das restrições e das contingências que surgem pela frente.

2.4.8 Abordagens atuais da Administração

A Administração passou por uma formidável faxina e transformação nos últimos tempos. Atualmente, vivemos em tempos de rápida e volátil mudança e transformação, predominando a instabilidade, a ambiguidade, a imprevisibilidade e a incerteza, onde os desafios às empresas aumentam consideravelmente. Os tempos mudaram e a Administração não somente está mudando, como também está provocando a mudança nas organizações do mundo todo. A tecnologia, a educação, o desenvolvimento econômico, novos hábitos e comportamentos das pessoas, a globalização, a necessidade de competitividade, tudo isso trouxe mudanças tanto na formatação das empresas quanto na maneira de administrá-las. É o que veremos ao longo deste livro.

Quadro 2.2 As várias teorias a respeito da Administração

Teoria da Administração Científica
Teoria Clássica da Administração
Teoria das Relações Humanas
Teoria Estruturalista
Teoria Comportamental
Teoria de Sistemas
Teoria da Contingência
Abordagens atuais da Administração

QUESTÕES PARA REVISÃO

1. Conceitue Administração.
2. Classifique e explique as empresas quanto ao seu tamanho.
3. Classifique e explique as empresas quanto à sua propriedade.
4. Classifique e explique as empresas quanto ao tipo de produção.
5. Como você classificaria uma empresa pecuária? Explique.
6. Explique a origem histórica da Administração.
7. O que foi a Revolução Industrial?
8. Faça um comparativo entre a primeira e segunda fase da Revolução Industrial.
9. Quais as consequências da Revolução Industrial?

10. Faça um comparativo entre a Era Industrial e a Era da Informação.
11. Como surgiu a moderna Administração?
12. Explique a Escola da Administração Científica.
13. Explique a Escola Clássica da Administração.
14. Quem foi Taylor? Qual a sua contribuição para a Administração?
15. Quem foi Fayol? Qual a sua contribuição para a Administração?
16. Explique a Teoria das Relações Humanas.
17. Explique a Teoria Comportamental.
18. Explique a Teoria Estruturalista.
19. Explique a Teoria de Sistemas.
20. Explique a Teoria da Contingência.

REFERÊNCIAS

1. CHIAVENATO, I. *Introdução à Teoria Geral da Administração*. 10. ed. São Paulo: Atlas, 2020.
2. CHIAVENATO, I. *Administração*: teoria, processo e prática. 6. ed. São Paulo: Atlas, 2022.
3. CHARAN, R.; YANG, J. *The Amazon Management System*. Cambridge: MIT Sloan Executive Education, 2019.
4. SCHMARZO, B. *The Economics of Data, Analytics and Digital Transformation*: the theorems, laws, and empowerments to guide your organization's digital transformation. Birmingham: Packt Publishing, 2020.
5. ROSS, J. W.; BEATH, C.; MOCKER, M. *Designed for Digital*: how to architect your business for sustained success. Cambridge: MIT Press, 2019.
6. CUSUMANO, M. A.; GAWER, A.; YOFFIE, D. *Business of Platforms*: strategy in the age of digital companies, innovation, and power. Nova Iorque: HarperCollins, 2019.
7. DIAMONDIS, P. H.; KOTLER, S. *The future is faster than you think*: how converging technologies are transforming business, industries, and our lives. Nova Iorque: Simon & Schuster, 2020.
8. CHIAVENATO, I. *Introdução à Teoria Geral da Administração*, op. cit.

3 O QUE É ADMINISTRAÇÃO

O QUE VEREMOS ADIANTE

- Conceito de Administração.
- Objetivos da Administração.
- Áreas da Administração.
- O papel do administrador.
- Processo administrativo.
- Os tradicionais princípios gerais da Administração.
- Questões para revisão.

Estamos acostumados a admirar as modernas invenções e descobertas que surgem a cada instante graças ao formidável avanço da tecnologia e da capacidade inventiva do ser humano. Principalmente as maravilhas tecnológicas e eletrônicas – como computador, celular, internet –, que ultrapassam as nossas expectativas e abrem novas oportunidades e maneiras de viver e se comportar. Todavia, nos esquecemos de onde essas maravilhas são criadas, inventadas, projetadas, construídas, comercializadas e entregues à sociedade. Na verdade, estamos falando de organizações: a mais sofisticada e complexa invenção do ser humano moderno. Assim, entre todas as criações humanas, a invenção mais complexa e maravilhosa é, sem dúvida alguma, a organização administrada. Cada organização constitui uma criação particular, uma invenção singular, uma entidade única, pois tem características próprias, seus recursos, suas competências, seus objetivos etc. Enfim, cada organização possui o seu próprio DNA, a sua própria natureza, suas características individuais, o seu propósito e a sua maneira de criar e agregar valor.

Vivemos em uma sociedade de organizações, e tudo o que precisamos para viver – como para se vestir, comer, viajar, dormir, trabalhar, divertir-se, cuidar da saúde – provém delas. São as organizações que criam maravilhas. Na sociedade atual, quase todo processo inventivo e produtivo é realizado dentro das organizações. As pessoas passam a maior parte do tempo dentro de organizações, das quais dependem para nascer, viver, aprender, trabalhar, comer, curar suas doenças e obter todos os produtos e serviços de que necessitam.[1] E vimos também que as organizações precisam ser administradas para serem competitivas e sustentáveis. Caso contrário, não terão vida longa.

> Aumente seus conhecimentos sobre **Qual a inovação mais importante do século 20?** na seção *Saiba mais IAD* 3.1

Sem administração, as organizações não conseguem sobreviver, competir ou crescer. É por isso que a administração é uma preocupação recente na história da humanidade, pois apenas a partir do início do século passado é que as organizações começaram a atingir um tamanho razoável para exigir uma administração mais complexa, integrada e sofisticada.

3.1 CONCEITO DE ADMINISTRAÇÃO

A palavra **administração** vem do latim *ad* (junto de) e *ministratio* (prestação de serviço), e significa "ação de prestar serviço ou ajuda". Em outras palavras, aquele que presta um serviço a outro ou uma atividade que se recebe por delegação de outrem. Modernamente, administração representa o governo e a condução de uma organização por meio de atividades relacionadas com o planejamento, a organização, a direção/liderança e o controle da ação empresarial.

> Aumente seus conhecimentos sobre **Conceitos de Administração** na seção *Saiba mais IAD* 3.2

A tarefa da administração consiste em interpretar os objetivos propostos pela organização e traduzi-los em ação organizacional por meio do planejamento, da organização, da direção e do controle de todos os esforços realizados em todas as áreas e em todos os níveis a fim de atingir tais objetivos da melhor maneira possível. E até ultrapassá-los. Assim, a administração é o processo de planejar, organizar, dirigir e controlar o uso dos recursos e de competências organizacionais para alcançar determinados objetivos de maneira eficiente e por meio através de um arranjo integrado e convergente.[2]

> Aumente seus conhecimentos sobre **A importância das pessoas** na seção *Saiba mais IAD* 3.3

Muito mais do que um simples processo, a Administração provoca os acionistas e investidores a investir no negócio, os fornecedores a entregar os insumos necessários, as pessoas a trabalhar mais e melhor, as máquinas a funcionar adequadamente, as lojas a vender seus produtos e serviços, os clientes e consumidores a comprar, as entidades financeiras a financiar as vendas e assim por diante. Essa é a tarefa aglutinadora e sinérgica da Administração: juntar e integrar interesses das partes interessadas em um negócio. Todos ganham com isso!

> **PARA REFLEXÃO**
>
> **Qual é o papel da Administração?**
> Você já imaginou uma nação sem governo? Um time de futebol sem técnico ou um exército sem general? Ou um navio sem o almirante? Tudo isso conduz à anarquia. E como uma nação poderia viver em total anarquia? Ou um time de futebol ganhar os jogos ou o exército vencer os inimigos? E o navio chegar ao seu destino? Não dá. Da mesma forma, a organização jamais poderia ser bem-sucedida sem um administrador à sua frente. De fato, toda organização precisa ser administrada. E precisa de mais do que um único administrador. Aliás, toda organização ou empresa precisa de um aparato administrativo, isto é, um conjunto integrado de administradores, cada qual em seu nível e em sua área de atividades. Assim, presidente, diretores, gerentes e supervisores constituem o chamado nível administrativo das empresas. Empresas necessitam de administração para a criação de riqueza e a geração de valor.
> Por sua vez, o administrador, para fazer uma boa administração, não pode atuar somente por intuição ou "achismo". Deve ser instrumentalizado com técnicas, indicadores e uma equipe engajada, com competências técnicas e comportamentais para executarem as atividades das quais forem responsáveis.

Se, ao nível de cada organização, a administração é uma condição indispensável, também ao nível de cada país, a necessidade de bons administradores é crítica, especialmente na área da administração pública e das pequenas e médias empresas. A Administração representa a solução da maior parte dos problemas que afligem os países nos dias de hoje, seja na criação e distribuição da riqueza, seja no desenvolvimento econômico, seja na qualidade de vida no trabalho, seja na ética nos negócios e na responsabilidade social, seja nos aspectos relacionados com a sustentabilidade e ecologia do planeta. Todas essas realidades podem ser melhoradas por meio da Administração. E quando ela é bem aplicada. Em geral, o que falta nas organizações, nas empresas e nos países em constantes dificuldades e problemas aparentemente insolúveis é uma adequada administração. Nesse sentido, Peter Drucker é bastante incisivo: para ele não existem países desenvolvidos ou subdesenvolvidos, mas sim países bem administrados e países mal administrados.[3] O mesmo se pode dizer em relação às organizações.

> Aumente seus conhecimentos sobre **O papel do administrador é complexo** na seção *Saiba mais IAD* 3.4

3.2 OBJETIVOS DA ADMINISTRAÇÃO

Nas organizações, nada é feito ao acaso ou torcendo pela pura sorte. A Administração está focada em objetivos e resultados a serem alcançados por meio dos recursos utilizados e das competências aplicadas. Esforço é fundamental. Desempenho é imprescindível. Mas o mais importante de tudo é o resultado que a administração oferece a todos os seus *stakeholders*: lucro, retorno do investimento, excelentes produtos e serviços, redução de custos, qualidade exemplar, preços baratos, garantia assegurada, ética e transparência, produção limpa, apoio à comunidade onde reside, responsabilidade social e ecológica. Administrar significa prioritariamente oferecer resultados ou fazer acontecer. A Administração constitui a melhor maneira de fazer uma organização ser bem-sucedida e alcançar resultados admiráveis capazes de torná-la um verdadeiro *benchmarking*, ou seja, uma referência a ser imitada e reverenciada no mercado.

> Aumente seus conhecimentos sobre **A importância da Administração** na seção *Saiba mais IAD* 3.5

3.2.1 Os velhos objetivos da Administração

No passado, a Administração tinha dois objetivos principais: proporcionar eficiência e eficácia às organizações. Cada um desses objetivos buscava completar o outro. A eficiência refere-se aos meios: métodos, processos, regras e regulamentos sobre como as coisas devem ser feitas na organização a fim de que os recursos sejam adequadamente utilizados. A eficácia refere-se aos fins: objetivos e resultados a serem alcançados pela organização. Cada organização tem os seus próprios objetivos, como veremos mais adiante. A tarefa da Administração consiste em interpretar os objetivos propostos pela organização e definir as maneiras de trabalhar (eficiência) para alcançá-los (eficácia) por meio da ação administrativa.

Quadro 3.1 Diferenças entre eficiência e eficácia[4]

Eficiência	Eficácia
■ Ênfase nos meios	■ Ênfase nos fins e nos resultados
■ Fazer corretamente as coisas	■ Fazer as coisas importantes
■ Resolver problemas	■ Atingir objetivos
■ Salvaguardar os recursos	■ Otimizar a utilização de recursos
■ Cumprir tarefas e obrigações	■ Agregar valor e oferecer resultados
■ Treinar os subordinados	■ Proporcionar eficácia aos subordinados
■ Manter as máquinas	■ Ter máquinas prontas e disponíveis
■ Jogar futebol com arte	■ Vencer o campeonato
■ Presença nos templos	■ Prática de valores religiosos
■ Rezar	■ Ganhar o céu

A eficiência sem eficácia apenas faz com que as coisas sejam bem feitas. Eficácia sem eficiência apenas faz com que os objetivos sejam alcançados, mas de maneira errática e dispendiosa. O importante é garantir eficiência e eficácia na ação empresarial: fazer bem feito e alcançar objetivos. Eficiência e eficácia, juntas, trazem excelência. Mas a excelência precisa estar presente em todas as áreas e níveis da empresa e não apenas em algumas delas.

Quadro 3.2 O papel da eficiência, da eficácia e da excelência

Eficiência: fazer as coisas corretamente, tendo preocupação com os meios, os métodos e a maneira de fazer as coisas
Eficácia: fazer as coisas corretas e alcançar resultados, tendo preocupação com os fins, o alcance de objetivos e a busca de resultados
Excelência: eficiência + eficácia

Para serem excelentes, as empresas precisam fortalecer sua eficiência (por meio do que chamaremos de excelência operacional, oferecendo produtos e serviços de qualidade a preços razoáveis) e sua eficácia (por meio do alcance de objetivos empresariais e da oferta de resultados). Sem dúvida, isso é imprescindível e necessário, mas não suficiente para os dias de hoje.

3.2.2 Os novos objetivos da Administração

Nos tempos atuais, a Administração ampliou enormemente os seus objetivos e a sua razão de ser. E foi muito adiante. Conservou o foco na eficiência, na eficácia e na excelência e foi muito além. Contudo, acima da eficiência e da eficácia – e, portanto, da excelência –, há outros objetivos maiores que toda organização precisa adotar para garantir sua competitividade e sua sustentabilidade no longo prazo. A Administração passou por uma profunda reformulação e ampliação em seu conceito. Administrar hoje não significa apenas supervisionar pessoas, tomar conta de departamentos ou cuidar do marketing e finanças, e nem se reduz mais a planejar, organizar, dirigir/liderar e controlar as atividades da organização. É muito mais do que isso. Administrar, hoje, significa conduzir toda a organização em direção a objetivos amplos e previamente definidos, para oferecer resultados concretos e alcançar competitividade e sustentabilidade ao longo do tempo. Isso não é feito apenas por um único administrador ou por uma única pessoa, mas por um conjunto integrado e coeso de administradores e pessoas interligadas por objetivos comuns. Também não é realizado por um único líder, mas por uma liderança de lideranças dentro da organização, aglutinando mentes e corações.[5] Significa lidar com pessoas e com recursos internos e externos desenvolvendo e integrando competências para oferecer produtos e serviços excelentes, satisfazer necessidades da sociedade e dos mercados, enfrentar a concorrência e alcançar competitividade e sustentabilidade no negócio.

3.3 ÁREAS DA ADMINISTRAÇÃO

As organizações são unidades sociais dotadas de recursos e competências para o alcance de objetivos. Para os economistas, as organizações visam à produção de alguma coisa mediante a reunião de três tradicionais fatores de produção: natureza, capital e trabalho. Em Administração, os fatores de produção são denominados recursos organizacionais. Esses recursos são os meios pelos quais toda organização busca realizar suas atividades para atingir seus objetivos e entregar valor à sociedade.

Existem cinco tipos de recursos organizacionais:

1. **Recursos materiais ou físicos**: correspondem ao fator de produção natureza. São os prédios, edifícios, máquinas, equipamentos, instalações, matérias-primas etc., todos os meios materiais ou físicos de produção. Envolvem a produção propriamente dita, suprimento (logística, materiais e compras), logística interna (distribuição dos materiais), manutenção etc.
2. **Recursos financeiros**: correspondem ao fator de produção capital. São os meios financeiros que permitem financiar as operações da organização, como o próprio capital social, fluxo de caixa, faturamento, investimentos, contabilidade etc.
3. **Recursos mercadológicos**: não têm nenhum fator de produção correspondente. São os meios pelos quais a organização se relaciona com o ambiente de

negócios, especificamente com o seu mercado. Envolvem vendas, pesquisa de mercado, promoção, propaganda, logística externa (distribuição dos produtos acabados) etc. Quando a empresa coloca seus produtos no mercado por meio de intermediários, como atacadistas ou varejistas – estes também podem ser incluídos como recursos mercadológicos externos.

4. **Recursos tecnológicos**: envolvem o que denominamos *softwares* (sistemas abertos) e *hardwares* (sistemas fechados) de toda a organização no sentido de proporcionar automação, robotização, bem como maior produtividade e competitividade nos negócios. Ingressar a organização na Era Digital e na 4ª Revolução Industrial, que alinham a inteligência humana à inteligência artificial.

5. **Recursos administrativos**: correspondem ao fator de produção empresa. Os recursos administrativos constituem o aparato administrativo da organização – como o nível institucional, intermediário e operacional, ou seja, a direção, a gerência e a supervisão. Sua finalidade é integrar e coordenar todos os demais recursos empresariais.

Recursos	Áreas da administração
Administrativos	Administração geral
Físicos e materiais	Administração da produção ou operações
Financeiros	Administração financeira
Mercadológicos	Administração de marketing
Tecnológicos	Administração da tecnologia

Figura 3.1 Os recursos organizacionais e suas respectivas áreas básicas de atuação.[6]

Para administrar seus recursos organizacionais, a organização utiliza várias áreas básicas, cada qual administrando um tipo específico de recurso organizacional:

- **Produção ou operações**: é a área relacionada com a gestão dos recursos materiais e físicos, isto é, com a produção de bens ou com a prestação de serviços da organização. São as funções ligadas com a fabricação dos produtos ou com a realização dos serviços prestados pela organização. Nas empresas fabris, é denominada área industrial.
- **Marketing**: é a área relacionada com a administração dos recursos mercadológicos, isto é, com a comercialização ou venda dos produtos ou serviços oferecidos pela organização. Constitui a área de relacionamento da organização com seu mercado e com seus clientes, consumidores ou usuários.
- **Finanças**: é a área relacionada com a administração dos recursos financeiros da organização, isto é, com a busca e a gestão do capital e valores monetários.
- **Tecnologia**: é a área relacionada com as diferentes tecnologias utilizadas pela organização, preparando-a para o mundo volátil, ambíguo e incerto que está surgindo. Em um cenário de *Big Data*, inteligência artificial, robôs inteligentes, drones, sensores, computação avançada, o mundo do trabalho está passando por mudanças e transformações incríveis, exigindo um aprendizado constante e incessante das pessoas a fim de se reciclarem e se requalificarem para enfrentar as novas exigências do futuro organizacional.
- **Administração geral**: é a área relacionada com a integração e a sincronização de todas as áreas da organização, visando a um trabalho conjunto e integrado de todos os recursos organizacionais. Cuida, portanto, da direção e da coordenação de todas as áreas organizacionais.

Contudo, os recursos definidos nas várias áreas da Figura 3.1 são estáticos, inertes e sem vida própria, e requerem habilidades e competências humanas para analisar e decidir como e onde utilizá-los e aplicá-los no sentido de alcançar metas e objetivos e oferecer resultados sinérgicos a todas as partes interessadas no negócio da organização. E aqui surge a área de Gestão Humana (GH). É a área relacionada com as pessoas que trabalham na organização, isto é, com o seu pessoal, desde o presidente até o mais humilde operário. Recentemente, essa área está recebendo várias denominações, como Gestão de Pessoas, Gestão de Talentos, Gestão do Capital Humano, para eliminar a ideia de que as pessoas são meramente recursos ou ativos da organização. São elas que dão inteligência – e não apenas mão de obra ou trabalho muscular – para o negócio da organização. O mundo está mudando e os Recursos Humanos (RH) também.

Capítulo 3 – O Que é Administração

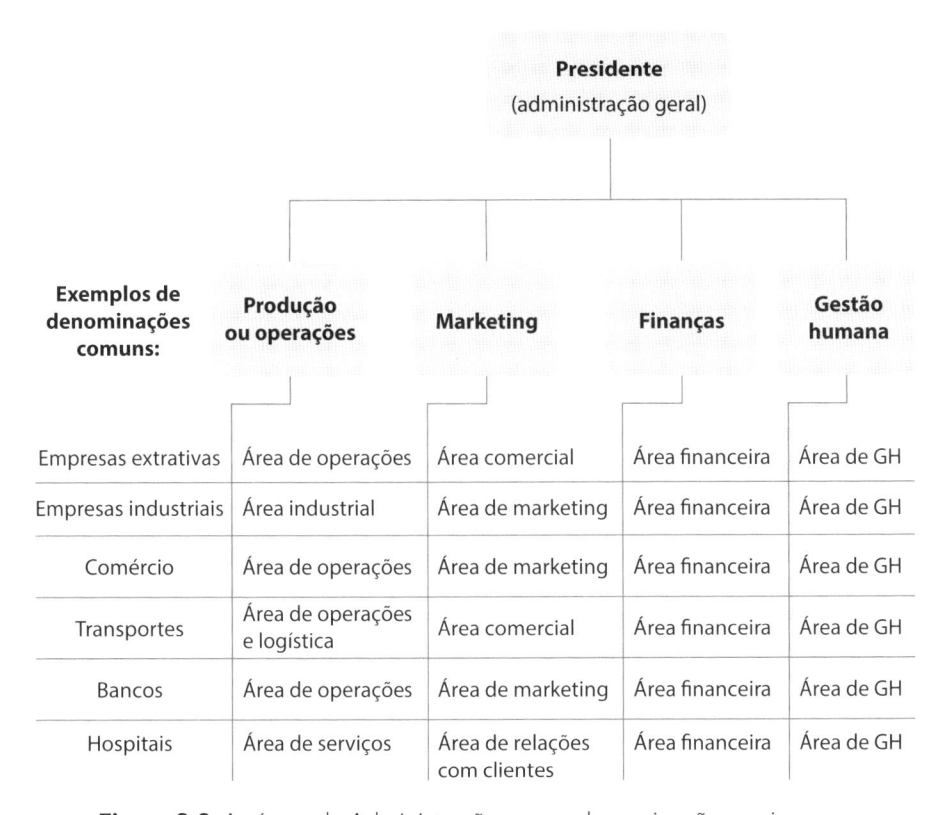

Exemplos de denominações comuns:	Produção ou operações	Marketing	Finanças	Gestão humana
Empresas extrativas	Área de operações	Área comercial	Área financeira	Área de GH
Empresas industriais	Área industrial	Área de marketing	Área financeira	Área de GH
Comércio	Área de operações	Área de marketing	Área financeira	Área de GH
Transportes	Área de operações e logística	Área comercial	Área financeira	Área de GH
Bancos	Área de operações	Área de marketing	Área financeira	Área de GH
Hospitais	Área de serviços	Área de relações com clientes	Área financeira	Área de GH

Figura 3.2 As áreas da Administração e suas denominações mais comuns.

Na Figura 3.2, a GH representa as habilidades e as competências que as pessoas possuem e aplicam na organização ao lidar com os seus recursos nas suas diversas áreas de atividade. Lembrando que os recursos são estáticos e inertes e a GH cuida de incorporar a inteligência humana e suas habilidades e competência para transformá-los em resultados concretos, seja em termos de produtos, seja em termos de serviços ao mercado. Por essa razão, a GH não trata de recursos, mas de inteligência, habilidades e competências humanas. Infelizmente, sua velha denominação não mais retrata a sua real finalidade nas organizações.

3.4 O PAPEL DO ADMINISTRADOR

Não se pode falar de Administração sem tocar no papel do administrador. Em qualquer das áreas mencionadas anteriormente ou em qualquer nível organizacional em que se encontre, o administrador é a nossa figura principal. O nosso herói.

> **Aumente seus conhecimentos sobre Com o que a Administração lida?** na seção *Saiba mais IAD 3.6*

O administrador lida com uma variedade de assuntos e situações. Para tanto, além do conhecimento, precisa reunir três habilidades essenciais.[7]

1. **Habilidades técnicas**: envolvem o uso do conhecimento especializado e facilidade na utilização de técnicas relacionadas com o trabalho e com os procedimentos de realização. São habilidades relacionadas com o como fazer e como lidar com processos materiais ou objetos físicos e concretos.
2. **Habilidades humanas**: envolve o trabalho com pessoas e a facilidade de relacionamento interpessoal e grupal. Referem-se à capacidade de comunicar, motivar, coordenar, liderar e resolver conflitos pessoais ou grupais. Estão relacionadas com a interação com pessoas, obtenção de cooperação dentro da equipe, encorajamento da participação, envolvimento das pessoas. É o saber trabalhar com pessoas, por meio das pessoas.
3. **Habilidades conceituais**: envolvem a facilidade em trabalhar com ideias e conceitos, teorias e abstrações. São habilidades que facilitam a visão da organização como uma totalidade, as várias funções da organização e saber complementá-las entre si, entender como a organização se relaciona com o ambiente e seus mercados e como as mudanças em uma parte da organização afetam o restante dela.

Nível estratégico	Presidente e diretores	**Habilidades conceituais** (Ideias e conceitos abstratos)
Nível tático	Gerentes	**Habilidades humanas** (Relacionamentos interpessoais)
Nível operacional	Supervisores	**Habilidades técnicas** (Utilização de coisas físicas)
Execução ou operações		**Fazer e executar**

Figura 3.3 As três habilidades do administrador.[8]

Capítulo 3 – O Que é Administração

Todavia, essas habilidades devem se condicionar às competências duráveis do administrador, conforme a Figura 3.4.

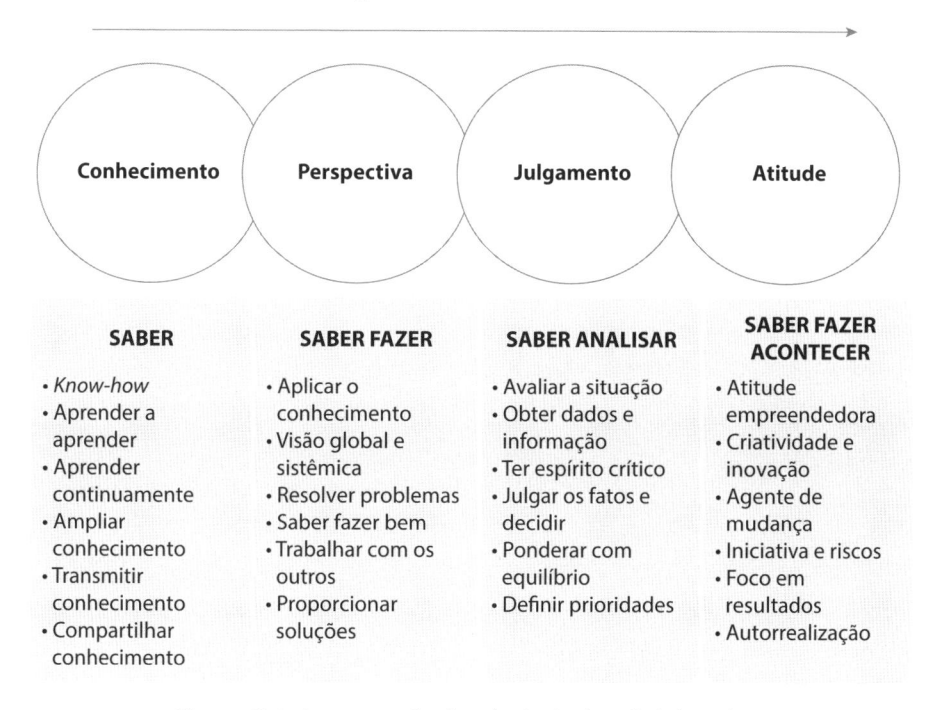

Conhecimento	Perspectiva	Julgamento	Atitude
SABER	**SABER FAZER**	**SABER ANALISAR**	**SABER FAZER ACONTECER**
• Know-how • Aprender a aprender • Aprender continuamente • Ampliar conhecimento • Transmitir conhecimento • Compartilhar conhecimento	• Aplicar o conhecimento • Visão global e sistêmica • Resolver problemas • Saber fazer bem • Trabalhar com os outros • Proporcionar soluções	• Avaliar a situação • Obter dados e informação • Ter espírito crítico • Julgar os fatos e decidir • Ponderar com equilíbrio • Definir prioridades	• Atitude empreendedora • Criatividade e inovação • Agente de mudança • Iniciativa e riscos • Foco em resultados • Autorrealização

Figura 3.4 As competências duráveis do administrador.[9]

Assim, habilidades e competências do administrador precisam ser aprendidas e desenvolvidas para que ele possa atuar em todos os níveis de atuação nas organizações.

> Aumente seus conhecimentos sobre **Modelo de excelência da gestão** na seção *Saiba mais IAD* 3.7

Nível de atuação

Ambiente (mercados) ← **Estágio periférico**
- Prestação de contas ao conselho de administração
- Criação de vantagens competitivas
- Desenvolvimento sustentável
- Ofertas de valor aos *stakeholders*

Organização (empresa) ← **Estágio estratégico**
- Criação do capital humano
- Atuação sistêmica e integrada
- Gestão do capital intelectual
- Inovação
- Estrutura e cultura flexíveis e ágeis
- Ética e responsabilidade social

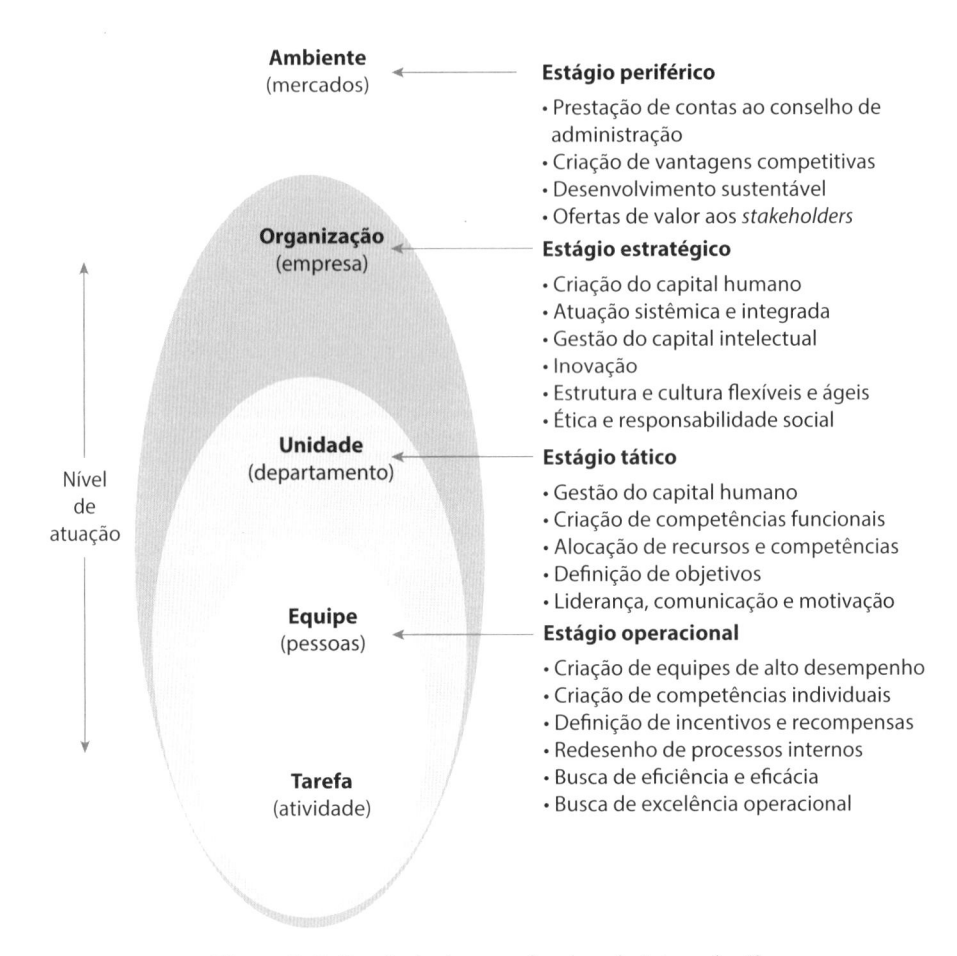

Unidade (departamento) ← **Estágio tático**
- Gestão do capital humano
- Criação de competências funcionais
- Alocação de recursos e competências
- Definição de objetivos
- Liderança, comunicação e motivação

Equipe (pessoas) ← **Estágio operacional**
- Criação de equipes de alto desempenho
- Criação de competências individuais
- Definição de incentivos e recompensas
- Redesenho de processos internos
- Busca de eficiência e eficácia
- Busca de excelência operacional

Tarefa (atividade)

Figura 3.5 Os níveis de atuação do administrador.[10]

3.5 PROCESSO ADMINISTRATIVO

A maioria dos autores considera o processo administrativo como um conjunto de funções que o administrador utiliza em seu trabalho. Assim, as funções administrativas são também chamadas funções do administrador, porque se referem ao próprio ato de administrar. Assim, administrar é planejar, organizar, dirigir e controlar. Em outras palavras, as funções administrativas são constituídas do processo administrativo, o qual envolve planejamento, organização, direção e controle. Vejamos cada um desses quatro componentes do processo administrativo:

1. **Planejamento**: significa visualizar o futuro e traçar o programa de ação. Reflete a maneira como as decisões tomadas pela empresa são transformadas em planos e programas para serem aplicadas no futuro.

2. **Organização**: significa a maneira como a empresa distribui a autoridade, responsabilidades, atividades e recursos. Reflete a composição, o formato, a estrutura que a empresa desenha para distribuir de maneira orgânica e integrada a ação empresarial.
3. **Direção/liderança**: significa conduzir e orientar as pessoas. Reflete o estilo de gestão e de liderança adotado pelos administradores em todos os níveis da empresa no sentido de motivar e alinhar as pessoas em direção aos objetivos propostos.
4. **Controle**: significa verificar se o que foi planejado e organizado foi, de fato, executado. Reflete a avaliação da compatibilidade entre os objetivos definidos e os resultados alcançados. Funciona como retroação (*feedback*) da ação empresarial.

Embora seja basicamente sequencial, o processo administrativo de planejar, organizar, dirigir e controlar pode ter suas etapas invertidas ou desenvolvidas simultaneamente, como na Figura 3.6.

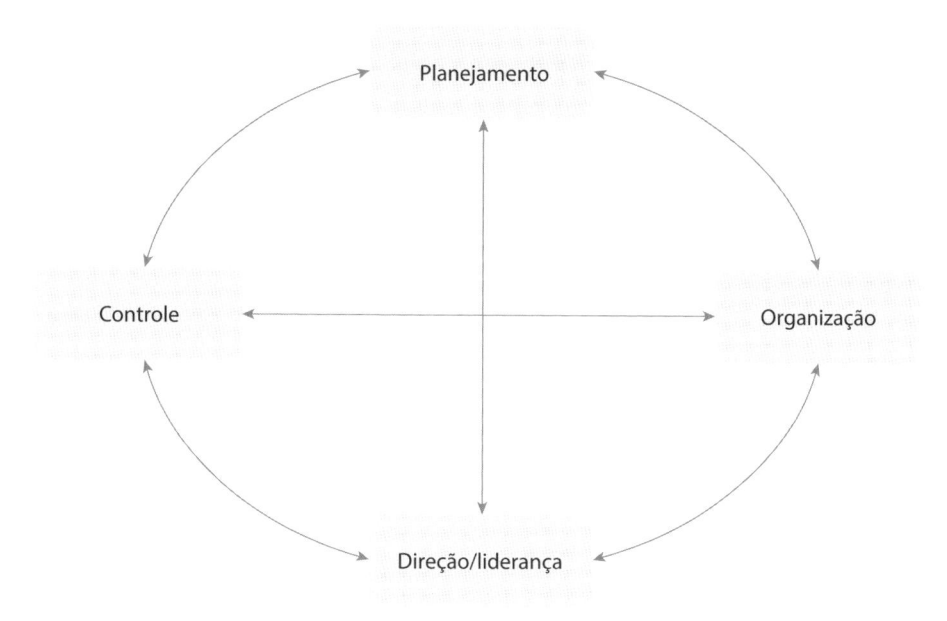

Figura 3.6 O processo administrativo.[11]

> **SAIBA MAIS** — **O processo administrativo**
>
> Pode até parecer simples falar de planejamento, organização, direção e controle. Mas não é. O processo administrativo pode se realizar no nível estratégico da empresa, no nível tático ou, ainda, no nível operacional. O processo administrativo pode se realizar na área financeira da empresa, ou na área de marketing, produção, recursos humanos, produção/operações/logística. É um processo que ocorre em todos os níveis e áreas da empresa. Os componentes do processo administrativo, independentemente do nível, devem estar alinhados para que os resultados possam acontecer. O que foi planejado deve ter seus recursos adequadamente disponibilizados, na quantidade, qualidade e tempo corretos, para que possa haver uma execução sem problemas. Tudo envolve um processo de liderança assertivo e uma análise constante dos *feedacks* que o processo emite, por meio dos controles. Isso possibilita a realização dos ajustes necessários. Quanto maior for o escopo do planejamento, maior será a complexidade dos itens que envolve o processo administrativo.

Os demais capítulos deste livro serão dedicados a cada uma das funções do processo administrativo no sentido de mostrar cada uma das funções do trabalho do administrador.

3.6 OS TRADICIONAIS PRINCÍPIOS GERAIS DA ADMINISTRAÇÃO

A Administração não é uma ciência exata ou quantitativa e concentrada apenas em números e quantidades. Ela é uma ciência social. E, portanto, não pode basear-se em leis rígidas e imutáveis. Em seu início, a Administração baseou-se em determinados princípios gerais e flexíveis capazes de serem aplicados a situações diferentes. Os princípios constituíam condições ou normas dentro das quais o processo administrativo deveria ser aplicado e desenvolvido. No fundo, os princípios eram tomados como regras ou receitas de comportamento que o administrador deveria adotar em todas as situações que enfrentava na empresa.

Durante toda a Era Industrial, os mais importantes e tradicionais princípios gerais de administração eram os seguintes:

- **Princípio da divisão do trabalho e da especialização**: todo trabalho deve ser fragmentado e dividido a fim de permitir a especialização das pessoas em alguma atividade. Por esse princípio, toda pessoa deve preencher uma só função ou executar uma só tarefa. A especialização provoca a divisão do trabalho e, consequentemente, a heterogeneidade do trabalho dentro da empresa. Mas, quase sempre mantém o *status quo* em uma época em que tudo está mudando – dentro e fora da empresa. Atualmente, tem-se dado cada vez maior ênfase no trabalho em equipe e na multifuncionalidade e polivalência em função da imperiosa necessidade de incrementar o aprendizado e facilitar a mudança interna para acompanhar o ritmo de mudanças no mundo globalizado.
- **Princípio da autoridade e responsabilidade**: autoridade é o direito de dar ordens e o poder de exigir obediência, aspectos indispensáveis à atividade administrativa. A autoridade emana do superior para o subordinado, enquanto a responsabilidade emana do subordinado perante o superior. A autoridade (frente aos subordinados) deve corresponder à responsabilidade (frente ao superior) e vice-versa. Ambas devem ser equivalentes e balanceadas, sob pena de excesso de poder no superior ou excesso de liberdade no subordinado. O enunciado desse princípio é de que deve haver uma linha de autoridade e de responsabilidade claramente definida, conhecida e reconhecida por todos, desde o topo até a base da organização empresarial. Atualmente, tem-se dado ênfase cada vez maior ao aumento de liberdade e autonomia das pessoas por meio do chamado *empowerment*, que veremos mais adiante.
- **Princípio da hierarquia ou cadeia escalar**: a hierarquia representa o volume de autoridade e responsabilidade de cada pessoa ou órgão na empresa. À medida que se sobe na escala hierárquica, aumenta o volume de autoridade e de responsabilidade. Quanto maior a empresa, maior o número de níveis hierárquicos. Na verdade, a hierarquia corresponde a uma especialização vertical da organização. Normalmente, a organização de uma empresa representa uma cadeia de níveis hierárquicos sobrepostos formando uma pirâmide, tendo a direção (nível estratégico ou decisório) no topo, a gerência (nível tático, gerencial ou intermediário) e a supervisão (nível operacional) que atua sobre a base de operação ou execução.

Nível estratégico
Presidente e diretores

Decisões estratégicas e globais

Nível tático
Gerentes

Decisões táticas e departamentais

Nível operacional
Supervisores e encarregados

Decisões operacionais e cotidianas

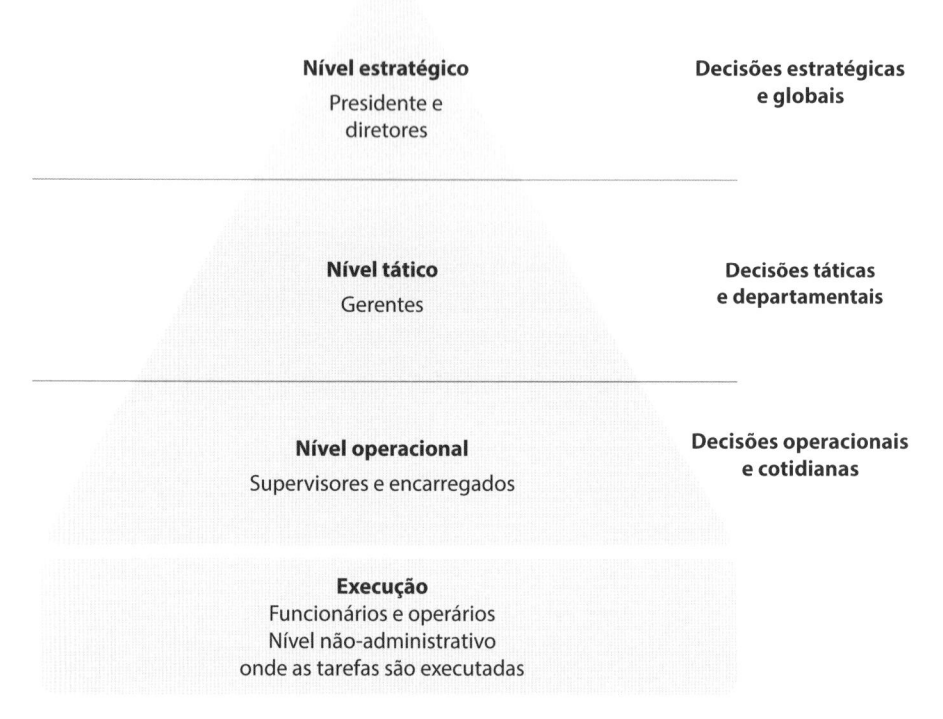

Execução
Funcionários e operários
Nível não-administrativo
onde as tarefas são executadas

Figura 3.7 Os níveis organizacionais de uma empresa.

O nível estratégico cuida dos assuntos globais da empresa e envolve a cúpula administrativa, como o presidente e os diretores. Está geralmente focado no ambiente externo e suas decisões são globais e de longo prazo. O nível tático cuida dos assuntos internos e da articulação e alinhamento dos recursos empresariais e suas decisões são departamentais e de médio prazo. O nível operacional cuida dos assuntos cotidianos relacionados com a supervisão da execução das atividades da base e suas decisões são relacionadas com as tarefas e de curto prazo.

Por meio da reengenharia – metodologia administrativa que surgiu no final do século passado –, as empresas começaram a fazer um enxugamento (*downsizing*) de seus níveis hierárquicos, reduzindo a camada intermediária (nível tático ou gerencial) para aproximar a base da cúpula da organização, aproximando o contato entre o nível estratégico e o nível operacional e, com isso, reduzir custos operacionais e aumentar a sua agilidade e eficácia.

- **Princípio da unidade de comando**: cada pessoa deve subordinar-se a apenas um e somente a um único superior. É também denominado princípio da autoridade única. Funciona para evitar duplicidade de chefia e consequente confusão de ordens de vários chefes para um único subordinado. Assim, cada subordinado deve ter apenas um chefe e receber somente dele as ordens de trabalho.

- **Princípio da amplitude administrativa**: é o reverso do princípio anterior. Enquanto aquele se refere às relações do subordinado para com sua chefia única, esse princípio se refere ao número de subordinados que um superior deve ter. Cada chefe deve ter uma quantidade adequada de subordinados, ou seja, um número limite de pessoas para chefiar com eficácia. Quanto maior a especialização das pessoas subordinadas, menor deve ser a amplitude administrativa, o que reduz o número de subordinados para cada chefe. Cada subordinado requer uma atenção diferente do chefe. Ao contrário, quanto menor a especialização dos subordinados, maior poderá ser a amplitude administrativa do chefe, pois este pode tratar seus subordinados de maneira uniforme ou padronizada, pois todos os subordinados requerem o mesmo tipo de atenção do chefe.

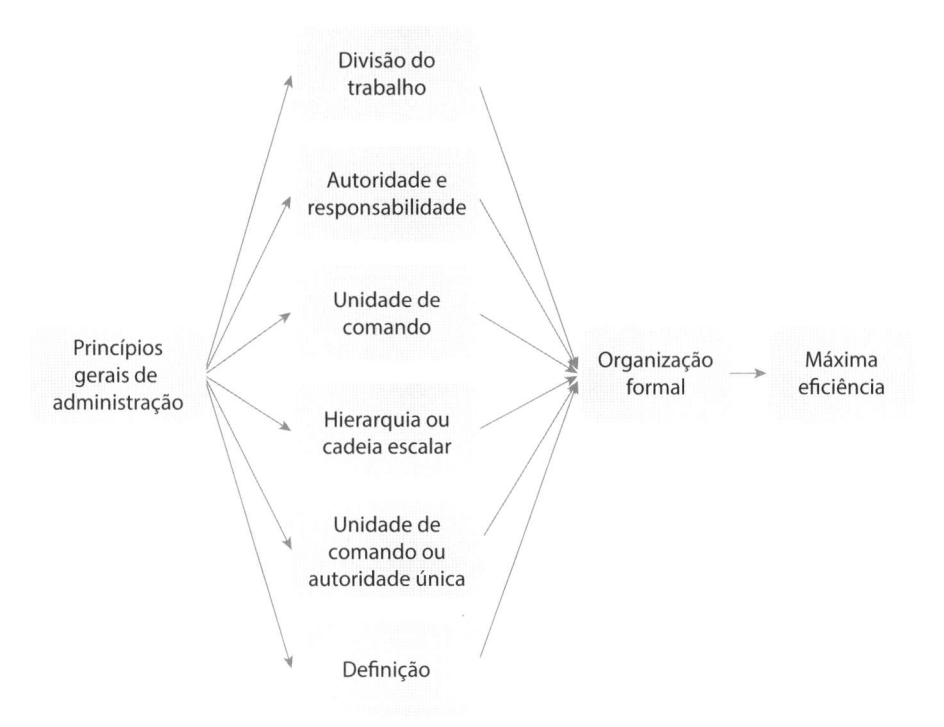

Figura 3.8 Os tradicionais princípios gerais de administração.

- **Princípio da definição**: a autoridade e a responsabilidade, bem como os deveres de cada pessoa ou de cada órgão e suas relações com outras pessoas ou órgãos, devem ser definidos previamente por escrito e comunicados a todos. O princípio da definição tem por finalidade substituir a improvisação pela definição prévia e antecipada. Esse princípio define antecipadamente quem é quem, quem se reporta a quem e o que faz cada um.

Esses eram os princípios gerais mais importantes e faziam parte do receituário que predominou na Administração até o final do século passado. Tais princípios passaram a ser utilizados de forma maleável e flexível para se adaptarem a qualquer circunstância, tempo ou lugar.

Todavia, em vez de buscar aspectos normativos e prescritivos – como atender a princípios gerais de administração para indicar o melhor comportamento do administrador –, atualmente percebe-se que a Administração não constitui uma ciência exata – como a física, a química, a matemática –, mas uma ciência que atua sobre sistemas complexos e dinâmicos que envolvem uma imensa constelação de variáveis que interagem intimamente entre si, provocando situações mutáveis e extremamente difíceis de se prever e avaliar. Daí a forte influência da teoria do caos e da complexidade para se entender essa incrível trama de fatores e variáveis envolvidos em uma organização e em sua administração. A Administração deixou de ser prescritiva e normativa para se transformar em descritiva e explicativa. O administrador deixou de ser um seguidor de regras e de princípios para se transformar em um gerador de valor e de inovação nas organizações. Um verdadeiro agente de mudanças organizacionais.

QUESTÕES PARA REVISÃO

1. Explique seu entendimento sobre o conceito de Administração.
2. Quais os objetivos da Administração?
3. Explique o conceito de eficiência.
4. Explique o conceito de eficácia.
5. Uma organização dever ser mais eficiente, eficaz ou ambos? Explique sua resposta.
6. Explique as principais habilidades que o administrador deve possuir.
7. Cite os tradicionais Princípios Gerais da Administração.
8. Para que serviam os tradicionais Princípios Gerais da Administração?
9. Explique o Princípio da Hierarquia.

10. Explique o Princípio da Amplitude Administrativa.
11. Explique o Princípio da Definição.
12. Quais os principais recursos de uma empresa?
13. Quais as principais áreas básicas da empresa?
14. Explique as funções administrativas.
15. Explique o processo administrativo.

REFERÊNCIAS

1. CHIAVENATO, I. *Administração Para Todos*. 3. ed. São Paulo: Atlas, 2021, p. 4.
2. CHIAVENATO, I. *Administração*: teoria, processo e prática. 6. ed. São Paulo: Atlas, 2022.
3. DRUCKER, P. F. *O Gerente Eficaz*. Rio de Janeiro: Zahar, 1968.
4. CHIAVENATO, I. *Fundamentos de Administração*. 2. ed. São Paulo: Atlas, 2021.
5. CHIAVENATO, I. *Administração Para Todos*, *op. cit.*, p. 17.
6. CHIAVENATO, I. *Administração*: teoria, processo e prática, *op. cit.*, cap. 2.
7. CHIAVENATO, I. *Introdução à Teoria Geral da Administração*. 10. ed. São Paulo: Atlas, 2020. p. 3.
8. CHIAVENATO, I. *Introdução à Teoria Geral da Administração*, *op. cit.*, p. 4.
9. CHIAVENATO, I. *Introdução à Teoria Geral da Administração*, *op. cit.*, p. 5.
10. CHIAVENATO, I. *Introdução à Teoria Geral da Administração*, *op. cit.*
11. CHIAVENATO, I. *Introdução à Teoria Geral da Administração*, *op. cit.*

4 PLANEJAMENTO

O QUE VEREMOS ADIANTE

- Conceito de planejamento.
- Importância e necessidade do planejamento.
- Etapas do planejamento.
- Níveis de planejamento.
- Tipos de planos.
- Técnicas de planejamento.
- Questões para revisão.

As organizações não funcionam ao acaso. E muito menos na base da pura improvisação. Tudo nelas deve ser planejado com antecipação. Isso significa que as organizações precisam decidir antecipadamente o que pretendem alcançar e o que deve ser feito para atingir seus objetivos. O foco em objetivos continua a ser a razão do sucesso das organizações bem-sucedidas: elas sabem com antecedência o que e o como fazer. E que resultados querem alcançar e oferecer.

> Aumente seus conhecimentos sobre **Planejamento** na seção *Saiba mais IAD 4.1*

Nas organizações, o planejamento é uma necessidade imperiosa: uma vez definido um objetivo a alcançar, o planejamento constitui a melhor maneira de alcançá-lo. Constitui uma atividade constante nas organizações. O planejamento figura como a primeira das funções administrativas que compõem o processo administrativo, vindo antes da organização, da direção e do controle, como mostra a Figura 4.1.

Planejamento
- Coletar dados
- Diagnosticar a situação
- Definir objetivos a alcançar
- Desdobrar os objetivos em metas
- Alocar os recursos necessários
- Elaborar os planos de ação
- Desdobrar os planos em programas

Controle → Organização → Direção → Controle

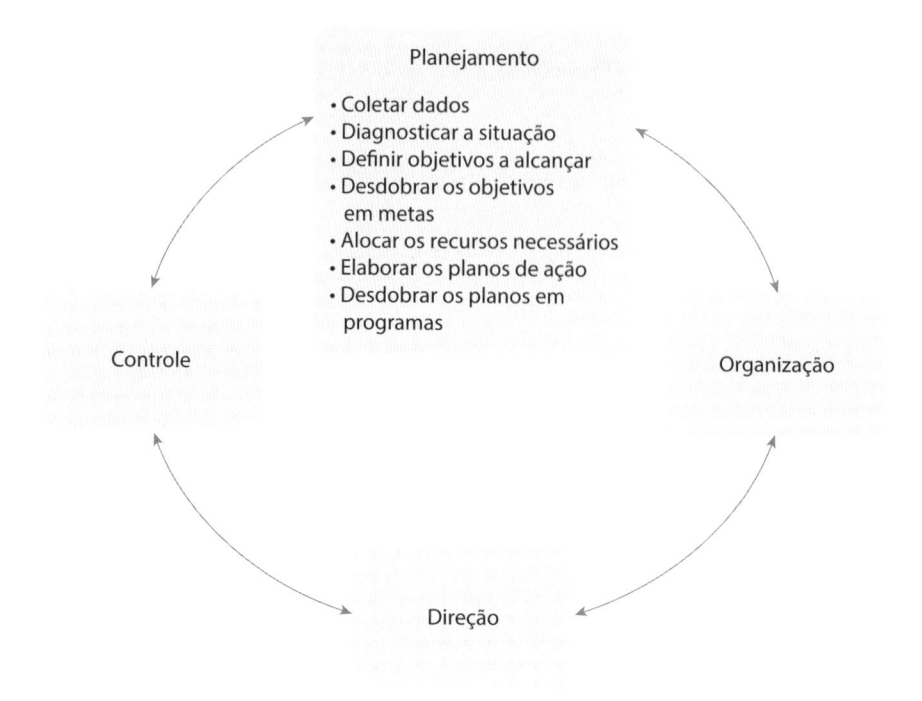

Figura 4.1 Planejamento como primeira etapa do processo administrativo.[1]

Assim, a primeira função básica do administrador é planejar. E, para planejar, o administrador precisa conhecer a situação em que se encontra e saber diagnosticá-la: quais são as características da situação, quais os problemas a enfrentar e quais os objetivos a atingir. Para tanto, é necessário coletar dados e informações sobre a situação. Em seguida, o administrador faz um diagnóstico da situação e identifica o que pretende fazer e desdobra seus objetivos genéricos em metas específicas para cada área ou equipe e fornece os recursos necessários para que as metas possam ser alcançadas da melhor maneira possível. Para ajudar no alcance das metas, o administrador precisa elaborar planos de ação e desdobrá-los em programas para que cada área ou equipe saiba o que e o como fazer para chegar lá.

4.1 CONCEITO DE PLANEJAMENTO

O planejamento constitui a primeira função do processo administrativo de planejar, organizar, dirigir e controlar. Vem antes da execução de qualquer atividade empresarial. Planejamento é a função administrativa que determina antecipadamente quais são os objetivos almejados e o que deve ser feito para atingi-los de maneira eficiente e eficaz, isto é, com o mínimo de recursos e com o máximo de rendimento. Antes que qualquer função administrativa seja executada, a administração precisa determinar os objetivos e os meios necessários para alcançá-los.

No fundo, o planejamento constitui a diferença entre uma situação atual e uma situação almejada como objetivo. Em suma, o planejamento está focado no futuro, naquilo que deverá acontecer para que os objetivos sejam cumpridos.

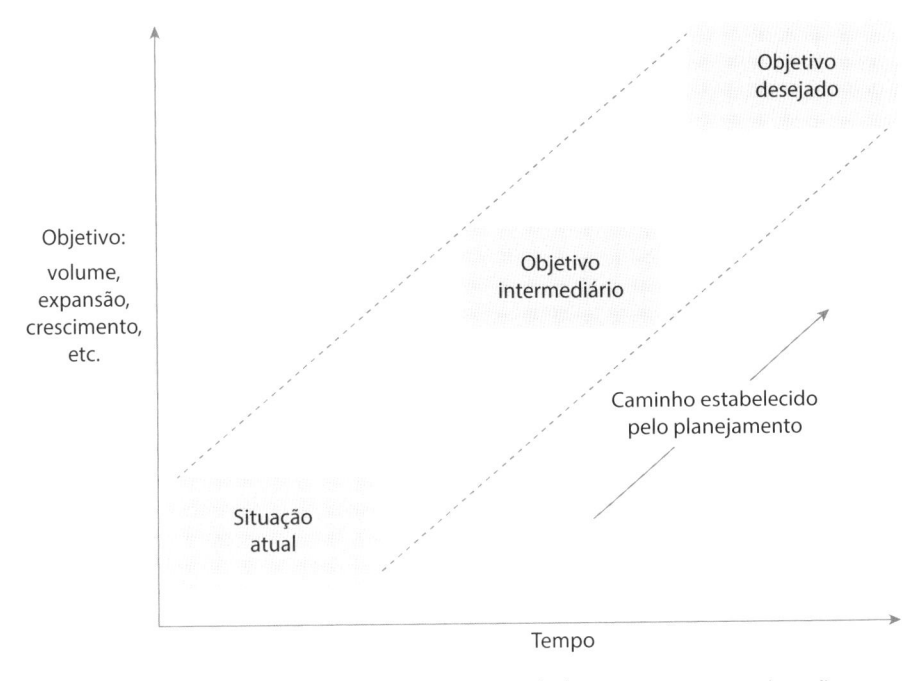

Figura 4.2 O planejamento como ponto de ligação entre uma situação atual e uma situação desejada.

O planejamento está focado na ação futura e se projeta ao longo do tempo. Acima de tudo, focaliza o alcance de certos objetivos ou resultados. A partir do planejamento, o administrador organiza, dirige e controla as atividades da organização como um todo ou de uma unidade organizacional, sempre tendo em mente os objetivos a serem atingidos.

4.2 IMPORTÂNCIA E NECESSIDADE DO PLANEJAMENTO

O planejamento é a função administrativa que determina antecipadamente os objetivos a serem alcançados e o que deve ser feito para atingi-los. Está voltado para a continuidade da empresa e focaliza o futuro. Sua importância reside nisso: sem planejamento, a empresa fica perdida no caos. O planejamento é vital para as demais funções administrativas. Sem planejamento, a organização, a direção e o controle perdem todo o seu efeito.

A necessidade do planejamento reside na racionalidade que imprime às decisões. Por racionalidade, entendemos a escolha dos meios mais adequados para atingir determinados objetivos ou fins. Por meio do planejamento, as ações da empresa tornam-se racionais, isto é, mais adequadas aos fins propostos. Ele constitui a melhor maneira para alcançar objetivos futuros.

4.3 ETAPAS DO PLANEJAMENTO

O planejamento é constituído pelas seguintes etapas:[2]

1. **Avaliação da situação atual**: em que situação a organização (ou a unidade organizacional ou, ainda, a equipe) se encontra no momento e qual é o seu diagnóstico pelo administrador.
2. **Processo decisório**: tomada de decisão a respeito daquilo que a organização (ou a unidade organizacional ou, ainda, a equipe) pretende fazer no curto, médio e longo prazo para alterar a situação atual.
3. **Definição de objetivos**: conversão das pretensões da organização em objetivos claros e explícitos.
4. **Estabelecimento de planos**: maneira pela qual se pretende alcançar os objetivos desejados. É o caminho para chegar lá.
5. **Implementação dos planos**: definição das condições, dos recursos, das competências necessárias para que o plano consiga alcançar os objetivos pretendidos.
6. **Execução dos planos**: é a realização dos planos por meio das pessoas, como distribuir, dirigir e controlar as atividades requeridas para o alcance dos objetivos.
7. **Avaliação dos resultados**: monitoração e mensuração do desempenho e dos resultados alcançados na trajetória e no final dos prazos definidos.

Quadro 4.1 As etapas do planejamento

Etapas do planejamento	Função administrativa
1. Avaliação da situação atual 2. Processo decisório 3. Definição de objetivos 4. Estabelecimento de planos	PLANEJAMENTO
5. Implementação dos planos	ORGANIZAÇÃO

(continua)

(continuação)

Etapas do planejamento	Função administrativa
6. Execução dos planos	DIREÇÃO
7. Avaliação dos resultados	CONTROLE

Vejamos a seguir as três etapas iniciais do planejamento.

4.3.1 Avaliação da situação atual

Assim como quando um médico solicita uma série de exames para avaliar qual o melhor procedimento a ser tomado com seu paciente, o administrador também precisa realizar o diagnóstico da situação atual da organização para poder tomar decisões assertivas. No caso, os "exames" do administrador são as análises do ambiente interno (recursos físicos, humanos, financeiros, tecnológicos etc.), e externos (forças políticas, concorrentes, mercado etc.). Com base em dados e fatos realizados nesta primeira fase, torna-se possível pensar no processo decisório.

4.3.2 Processo decisório

Para planejar é preciso tomar decisões, ou seja, escolher entre vários um curso de ação futuro, deixando de lado outras opções possíveis. O processo decisório apresenta as seguintes etapas:[3]

1. Avaliar a situação que envolve algum problema.
2. Analisar e definir o problema.
3. Definir o objetivo a ser alcançado na solução do problema.
4. Buscar alternativas de solução ou de cursos de ação.
5. Avaliar e comparar essas alternativas.
6. Escolher (selecionar) a alternativa mais adequada ao alcance do objetivo.
7. Implementar a alternativa escolhida.

Cada etapa influencia as outras e todo o processo decisório. Nem sempre essas etapas são seguidas à risca. Se a pressão for muito forte para uma solução rápida e imediata, as etapas 3, 5 e 7 podem ser abreviadas ou suprimidas. Quando não há pressão, algumas etapas podem ser ampliadas, desdobradas ou estendidas no tempo.

Decisão é o processo de análise e escolha entre as alternativas disponíveis de cursos de ação que a pessoa deve seguir. Toda decisão envolve seis elementos:[4]

1. **Tomador de decisão**: pessoa que faz uma escolha ou opção entre várias alternativas futuras de ação.
2. **Objetivo**: alvo que o tomador de decisão pretende alcançar com suas ações.
3. **Preferências**: critérios que o tomador de decisão usa para fazer sua escolha.
4. **Estratégia**: curso de ação que o tomador de decisão escolhe para atingir seu objetivo.
5. **Situação**: ambiente que envolve o tomador de decisão e nem sempre está sob seu controle, conhecimento e compreensão e que afeta sua escolha.
6. **Resultado**: consequência de uma dada estratégia.

Em todos os momentos de nossas vidas estamos tomando decisões. E dentro das organizações o administrador toma decisões com uma frequência incrível. A escolha de uma alternativa implica na renúncia das demais alternativas e a criação de uma sequência de novas alternativas ao longo do tempo. A esses leques de alternativas dá-se o nome de árvore de decisão.

O processo decisório permite solucionar problemas ou defrontar-se com situações críticas.[5] Todavia, a subjetividade nas decisões individuais é enorme devido a:[6]

1. **Racionalidade limitada**: a pessoa precisaria de um enorme volume de informações sobre a situação para analisá-las e tomar decisões. Como isso está além da sua capacidade individual de coleta e análise, ela decide por meio de pressuposições ou premissas que assume subjetivamente e nas quais baseia sua escolha. A decisão se relaciona apenas com uma parte da situação ou com apenas alguns aspectos dela.
2. **Imperfeição das decisões**: não existem decisões perfeitas; apenas algumas são mais adequadas do que outras quanto aos resultados reais que produzem. A pessoa não tem condições de analisar todas as alternativas possíveis de ação.
3. **Relatividade das decisões**: toda decisão é um processo de acomodação, pois jamais uma alternativa escolhida permite a realização completa ou perfeita do objetivo visado, representando apenas a solução satisfatória, mas nunca a solução ótima.

> Aumente seus conhecimentos sobre **Como decidir?** na seção *Saiba mais IAD 4.2*

4.3.3 Definição de objetivos

Tudo dentro das organizações tem um sentido, uma finalidade, um objetivo a ser alcançado. Ademais, o planejamento está orientado para o futuro. Como a organização constitui um complicado arranjo de componentes projetados para alcançar objetivos, dois aspectos são fundamentais: em primeiro lugar, há um propósito ou objetivo para o qual o sistema é projetado; em segundo lugar, há um projeto ou arranjo de componentes que é necessário como plataforma para poder alcançar especificamente tal objetivo.

Objetivos são resultados específicos que se pretende alcançar em determinado tempo. Dois pressupostos são importantes na formulação de objetivos: de um lado, a missão organizacional, e de outro lado, a visão de futuro da empresa. Enquanto a missão organizacional define qual é o negócio da empresa e o seu papel na sociedade, a visão de futuro da empresa procura proporcionar uma imagem do que a empresa pretende ser. Por sua vez, os objetivos estabelecem resultados concretos que se deseja alcançar dentro de um específico prazo de tempo.

Os objetivos são importantes por várias razões:[7]

- Definem previamente um alvo ou meta a atingir. Ao apresentarem uma situação futura, os objetivos indicam uma orientação que a organização pretende seguir.
- Funcionam como guias para a ação coletiva. Estabelecem linhas-mestras para a atividade das pessoas.
- Servem como padrão de referência para avaliar o resultado alcançado. As pessoas podem comparar e avaliar o êxito da organização, a sua eficiência e rendimento em relação aos objetivos que pretende atingir.
- Proporcionam a todos uma ideia sobre onde se pretende chegar.
- Permitem integração e coordenação para a união de esforços conjuntos.
- Servem para monitorar o progresso em relação ao alvo ou meta. Funcionam como unidade de medida para verificar e comparar a produtividade da organização ou de suas unidades, ou, ainda, das pessoas.
- Os objetivos constituem uma fonte de legitimidade que justifica as atividades de uma organização e até a sua existência.

> **SAIBA MAIS** — **Toda empresa busca alcançar uma variedade de objetivos**
>
> Com relação aos seus processos de produção, com relação aos produtos e serviços que produzem, com relação aos clientes, com relação à lucratividade, com relação aos concorrentes etc. Todos os objetivos precisam trabalhar em conjunto convergindo para os resultados globais. Essa convergência de objetivos produz o que chamamos de sinergia e não simplesmente a soma dos esforços. A sinergia produz resultados multiplicadores e maiores do que a soma deles. O trabalho do administrador é conciliar e compatibilizar objetivos conflitantes, pois quando os objetivos colidem entre si (o lucro colide com a produtividade ou a inovação conflita com a atividade operacional atual), nenhum objetivo pode trabalhar junto com os outros.

Toda empresa constitui um conjunto de objetivos em um equilíbrio instável, pois, ao focalizar um aspecto, está se tirando de outro. Além disso, para alcançar alguns objetivos finais, a empresa precisa antes alcançar objetivos intermediários que se sucedem ao longo do tempo. A lucratividade exige que economias sejam feitas antes, a excelência operacional exige treinamento do pessoal como condição preliminar. Além do mais, alguns objetivos são mais importantes do que outros e, por essa razão, existe uma hierarquia de objetivos. Os objetivos estratégicos estão acima dos táticos, e estes, acima dos operacionais, como mostra a Figura 4.3.

Os principais objetivos de uma empresa costumam ser:

- **Objetivos estratégicos**: são os objetivos globais, prioritários e mais importantes, tais como lucratividade, participação no mercado, competitividade, reputação da empresa, sustentabilidade etc.
- **Objetivos táticos**: são objetivos departamentais e mais específicos, tais como:
  - **Na área financeira**: aumento do capital financeiro, retorno do investimento, redução de custos, aplicações financeiras rentáveis etc.
  - **Na área de marketing**: satisfação e retenção do cliente, imagem, marca, crescimento de vendas etc.
  - **Na área de produção/operações**: excelência operacional, redução do fluxo de produção, qualidade do produto/serviço, produtividade etc.
  - **Na área de recursos humanos**: retenção de talentos, conhecimento corporativo, competências, aumento do capital humano e do capital intelectual etc.

Objetivos estratégicos
Relacionados
com a empresa como uma totalidade

Decisões estratégicas
e globais

Objetivos táticos
Relacionados
com cada departamento da empresa

Decisões táticas
e departamentais

Objetivos operacionais
Relacionados
com cada tarefa ou atividade específica

Decisões operacionais
e cotidianas

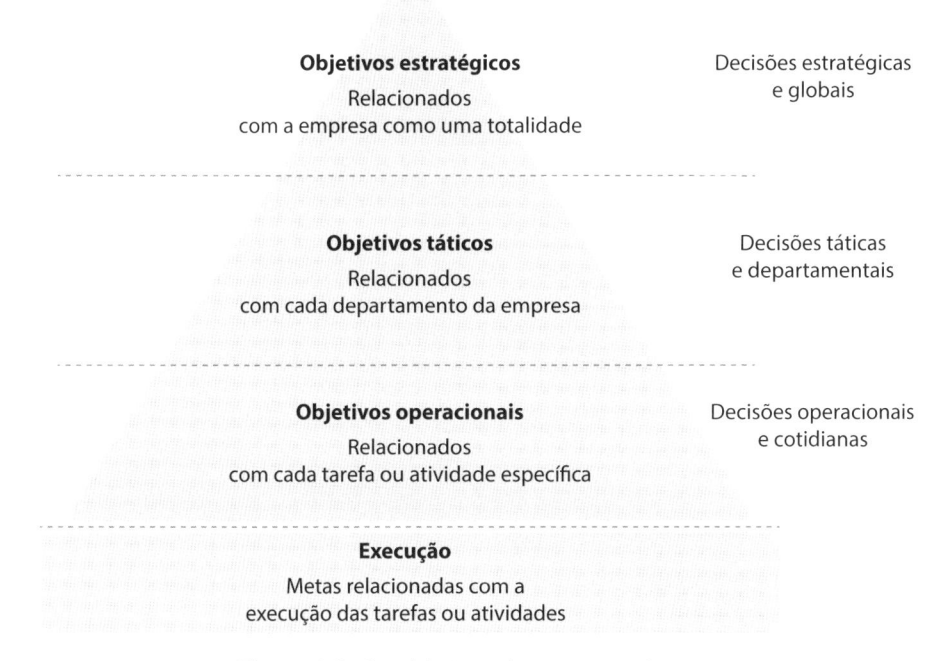

Execução
Metas relacionadas com a
execução das tarefas ou atividades

Figura 4.3 Os objetivos de uma organização.

- **Objetivos operacionais**: são objetivos de base, cotidianos e específicos, como eficiência nas operações, compras bem-feitas, armazenamento adequado de estoques, atendimento ao cliente etc.

O segredo está no alinhamento dos objetivos: os menos importantes precisam estar alinhados com o alcance dos objetivos mais importantes ou mais prioritários em função de sua contribuição à empresa como um todo. Esse alinhamento permite a conjugação de esforços, a coordenação de atividades e a ênfase na empresa como um todo. Para isso, é preciso pensar grande, pensar no todo. Somente assim se pode trabalhar com um conjunto integrado e coeso de objetivos a serem atingidos.

Área financeira	→	• Aumento da lucratividade • Retorno do investimento • Débito bancário = zero • Orçamento de despesas equilibrado • Receita > despesa • Redução de custos
Área de marketing	→	• Aumento da participação da empresa no mercado • Satisfação do cliente • Retenção do cliente • Incremento nas vendas • Imagem e reputação da empresa no mercado • Entregas no prazo certo
Área de produção/operações	→	• Aumento da produtividade • Melhoria da qualidade • Excelência operacional • Redução do ciclo de produção • Redução de perdas e refugos • Produtos e serviços de elevada qualidade
Área de recursos humanos	→	• Aumento do índice de satisfação dos empregados • Melhoria do clima organizacional • Aumento da assiduidade do pessoal • Redução do índice de acidentes • Redução da rotatividade do pessoal • Aumento das habilidades e competências

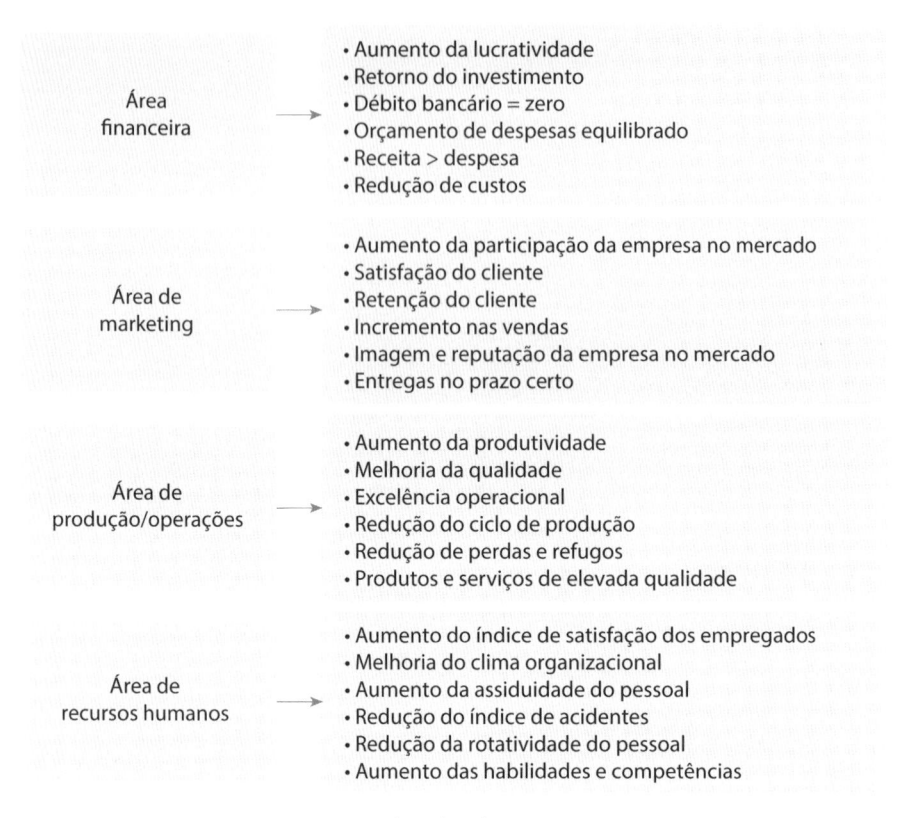

Figura 4.4 Exemplos de objetivos empresariais.

4.3.3.1 Missão organizacional

Toda organização é criada e desenvolvida para alguma finalidade. A missão organizacional identifica essa finalidade. Na verdade, a missão significa a razão da existência da organização, a finalidade ou motivo pelo qual ela foi criada e para o que ela deve servir. A definição da missão organizacional deve responder a três perguntas básicas:[8]

1. Quem somos nós? Qual é a finalidade de nossa existência?
2. O que fazemos?
3. Por que fazemos o que fazemos?

> Aumente seus conhecimentos sobre **Missão organizacional** na seção *Saiba mais IAD* 4.3

Na prática, a missão envolve os objetivos essenciais do negócio e está geralmente focalizada fora da organização, ou seja, no atendimento a alguma demanda ou necessidade da sociedade, do mercado ou do cliente. É importante conhecer a missão e os objetivos essenciais da organização, pois se o administrador não sabe por que ela existe e o que ela pretende fazer, ele jamais saberá qual o caminho a seguir.

4.3.3.2 Visão de futuro

Se a missão organizacional define a essência da organização, a visão de futuro define o que a organização pretende ser no médio ou longo prazo. A visão é o ato de ver a si própria no espaço e no tempo. Em geral, a visão de futuro é imaginada em função de alguma referência em relação a outras organizações concorrentes.

A importância da visão de futuro de uma organização é que ela explicita onde a organização pretende chegar. Isso proporciona aos seus administradores e funcionários uma ideia clara de como eles podem ajudar e contribuir para que a organização consiga realizar esse desafio. Para tanto, a visão deve ser clara, explícita e motivadora. Em função de sua visão de futuro, a organização pode alinhar os objetivos que pretende alcançar ou realizar.

Quadro 4.2 Exemplo de visão de futuro de uma organização

O que somos hoje	O que queremos ser daqui a cinco anos
Somos a terceira maior produtora nacional de produtos de limpeza	Queremos ser a maior produtora nacional de produtos de limpeza
Temos uma rede de distribuição de 502 varejistas no mercado	Queremos desenvolver uma rede de distribuição de 800 varejistas
A rentabilidade sobre o patrimônio está em 8%	Queremos oferecer a maior rentabilidade sobre o patrimônio de nossa indústria
Estamos alcançando um nível de satisfação dos consumidores de 82%	Queremos alcançar um nível de 95% de satisfação de nossos consumidores
Nosso nível de qualidade dos produtos alcança 84%	Pretendemos alcançar um nível de qualidade dos produtos de 90%
A produtividade *per capita* de nossos funcionários é de 77%	Desejamos alcançar uma produtividade *per capita* de 85%
O nível de satisfação de nossos talentos é de 79%	Desejamos alcançar um nível de satisfação de nossos talentos de 100%

4.3.3.3 Níveis de objetivos organizacionais

A missão da organização e a visão de futuro pairam acima de todos os objetivos desejados pela organização. Os objetivos organizacionais estão dispostos em uma hierarquia ou cascata em termos de amplitude (espaço organizacional) e de horizonte temporal (prazos).

Existem três níveis de objetivos que uma organização pode perseguir:[9]

1. **Objetivos estratégicos**: se relacionam com a organização como um todo e estão dimensionados ao longo prazo, algo como cinco anos. Por exemplo, percentagem de participação no mercado.

2. **Objetivos táticos**: se referem aos objetivos específicos de cada departamento ou unidade da organização e estão dimensionados para o médio prazo, em geral um ano, ou exercício fiscal que coincide com o balanço contábil. Por exemplo, volume de vendas no exercício anual.

3. **Objetivos operacionais**: estão relacionados com cada tarefa ou operação a ser executada. Em geral, são chamados de metas e estão dimensionados ao curto prazo, algo como um dia, semana ou mês. Por exemplo, produção diária, semanal ou mensal de determinado produto.

Missão organizacional
Visão de futuro

↑↓

Objetivos estratégicos
(Organização como um todo)

↑↓

Objetivos táticos
(Cada divisão ou unidade)

↑↓

Objetivos operacionais
(Cada tarefa ou operação)

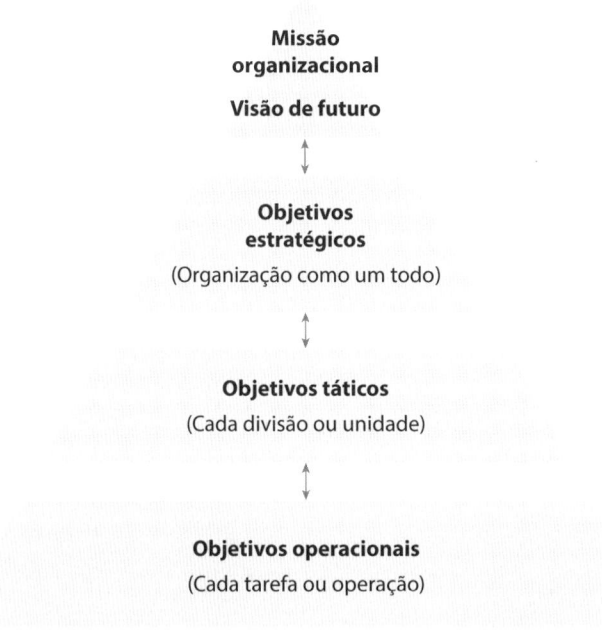

Figura 4.5 Os níveis de objetivos organizacionais.[10]

4.4 NÍVEIS DE PLANEJAMENTO

Em função da amplitude (espaço) e do horizonte (tempo) dos objetivos a atingir, existem três níveis de planejamento.

1. **Planejamento estratégico**: a atividade empresarial, como um todo, parte de um planejamento estratégico, que abrange a empresa como uma totalidade, e que a afeta no longo prazo pelas suas consequências. O planejamento estratégico é decidido no nível estratégico da empresa e diz respeito ao futuro do negócio como uma totalidade. Em geral, é o planejamento de longo prazo, podendo envolver vários anos pela frente, dependendo da situação externa à empresa, pois é exercido diretamente no mundo dos negócios. Quanto mais certeza ambiental, mais distante no tempo, e quanto mais incerteza lá fora, mais curta a sua extensão temporal. Em um mundo mutável, ambíguo e incerto, o planejamento estratégico se torna mais imediatista em função da incerteza e da volatilidade ambiental a ser enfrentada.
2. **Planejamento tático**: é o planejamento do meio do campo, ou seja, que é desenvolvido entre o planejamento estratégico (na cúpula) e o planejamento operacional (na base). Quase sempre é anual, envolvendo o período contábil da empresa. Serve de ligação e intermediação entre os dois tipos de planejamento: transforma as decisões estratégicas em programas de trabalhos para o nível operacional.
3. **Planejamento operacional**: é o planejamento da base de operações e define o cotidiano de tarefas e operações do nível operacional.

Para que o planejamento estratégico possa ser levado adiante, ele precisa ser desdobrado e implementado nos níveis hierárquicos mais baixos da empresa, nos quais as tarefas são executadas. Porém, entre o nível estratégico na cúpula e o nível operacional na base existe uma enorme diferença de linguagem e de postura. O nível estratégico trabalha sob forte incerteza, pois está exposto às forças e variáveis externas e ambientais relacionadas com o mercado e o mundo ao redor, enquanto o nível operacional precisa trabalhar com regularidade e com base na certeza e na programação de suas atividades. A absorção da incerteza provocada pelas pressões e influências ambientais sobre o nível estratégico da empresa precisa ser feita por meio do nível tático ou intermediário. Assim, o planejamento estratégico precisa ser desdobrado em planejamentos táticos no nível tático, para que as decisões estratégicas sejam moldadas e traduzidas em planos capazes de serem entendidos e, por sua vez, desdobrados e detalhados em planos operacionais para serem executados pelo nível operacional da empresa.

A Figura 4.6 dá uma ideia dos níveis de planejamento que existem dentro das empresas.

Nível	Planejamento	Descrição
Nível estratégico	Planejamento estratégico	Presidente e diretores fazem contato direto com o ambiente externo, com mercados, analisam concorrentes e demais forças ambientais para a tomada de decisões estratégicas
	↓	**Incerteza e imprevisibilidade**
Nível tático	Planejamento tático	Gerentes traduzem e interpretam as decisões estratégicas e as desdobram em planos táticos e detalhados no nível departamental
	↓	**Articulação interna**
Nível operacional	Planejamento operacional	Superiores desdobram os planos táticos de cada departamento em planos operacionais para cada tarefa
Execução		**Certeza e regularidade**

Figura 4.6 Os três níveis de planejamento.[11]

4.5 TIPOS DE PLANOS

O planejamento é a função administrativa que, partindo da fixação dos objetivos a serem alcançados, determina *a priori* o que se deve fazer, quando fazer, quem deve fazê-lo e de que maneira. Assim, o planejamento é elaborado na base de planos. Um plano é um esquema que estabelece antecipadamente aquilo que deve ser feito. Quando um plano é elaborado para alcançar um objetivo final da empresa, ele é chamado plano-fim. Quando um plano é elaborado para alcançar objetivos intermediários que, quando terminados e concluídos, permitem a execução de um plano-fim, é denominado plano-meio. Assim, os planos relacionados com a seleção e o treinamento de pessoas, com a aquisição de máquinas e equipamentos, com a compra de matéria-prima são planos-meios, enquanto um plano que correlacione todos esses planos-meios para alcançar um objetivo final de produção de determinado produto ou serviço é um plano-fim.

Existem vários tipos de planos, como programas, procedimentos, métodos, normas e regulamentos, que veremos a seguir.[12]

4.5.1 Programas

São planos abrangentes que reúnem em si um conjunto integrado de vários planos relacionados com assuntos diferentes entre si. Uma programação é um tipo de plano que estabelece as vinculações entre diferentes planos. É o caso das programações de produção, que envolve os planos de suprimentos (compras e almoxarifado) de manutenção (disponibilidade de máquinas) e de funcionários (disponibilidade de pessoal) etc.

4.5.2 Procedimentos

São planos que prescrevem a sequência cronológica das tarefas a serem executadas. Os procedimentos são mais utilizados em trabalhos repetitivos e cíclicos para mostrar a sequência das rotinas e das atividades.

Em geral, os procedimentos são transformados em rotinas e expressos na forma de fluxogramas. Fluxogramas são gráficos que representam o fluxo ou a sequência de procedimentos ou de rotinas. As rotinas nada mais são do que procedimentos devidamente padronizados e formalizados que se mantém inalterados durante muito tempo. Os fluxogramas serão tratados mais adiante.

É o caso do procedimento de requisição de materiais do almoxarifado, que envolve uma rotina cuja sequência vai desde a emissão e o preenchimento do formulário, a assinatura do emitente e do superior, o envio para o almoxarifado, a verificação dos dados, a separação do material requisitado, o carimbo de expedição no formulário até a remessa do material requisitado para o órgão requisitante.

4.5.3 Métodos

São planos que detalham como uma atividade deve ser executada em seus mínimos detalhes. Sua amplitude é mais restrita que o procedimento e se referem quase sempre ao trabalho das pessoas. É o caso do método de montagem de uma peça de máquina, no qual se detalha todas as tarefas a serem realizadas pelo operário.

4.5.4 Normas e regulamentos

São regras ou regulamentos genéricos que servem para definir o que deve ser feito e o que não deve ser feito. Quase sempre dizem respeito ao comportamento das pessoas. São guias para dar uniformidade de ação, mas não estabelecem sequências como os procedimentos, nem detalham as atividades como os métodos.

É o caso da proibição de fumar em certos lugares, a concessão de descontos para certas compras, a exigência de crachás de identificação nas portarias etc.

Quadro 4.3 Principais tipos de planos

> Programas
> Procedimentos
> Métodos
> Normas e regulamentos

4.6 TÉCNICAS DE PLANEJAMENTO

O planejamento utiliza gráficos para melhor visualização e compreensão dos planos. Esses gráficos servem também para o controle. Como o controle é uma função administrativa que verifica se o que foi planejado foi realmente executado, os gráficos de planejamento são também utilizados como indicador ou critério para o seu posterior acompanhamento e controle.

4.6.1 Diagrama de planejamento e controle

É um gráfico cartesiano simples que permite mostrar a relação entre as atividades planejadas e executadas e o tempo em que elas ocorrem. É uma das técnicas de planejamento e controle mais simples. Inclui as atividades planejadas para poder confrontá-las com as atividades realmente executadas, como mostra a Figura 4.7.

Os passos para a construção do diagrama são os seguintes:

1. Colheita dos dados históricos.
2. Cálculo da média do processo, bem como os limites superiores e inferiores alcançados no passado.
3. Desenho do diagrama de planejamento e controle.
4. Introdução da atual média de uma amostra.
5. Interpretação do diagrama, ou seja, avaliação da média atual com os dados do passado.

Alguns diagramas permitem a comparação de várias séries históricas abordando vários exercícios anuais ou meses.

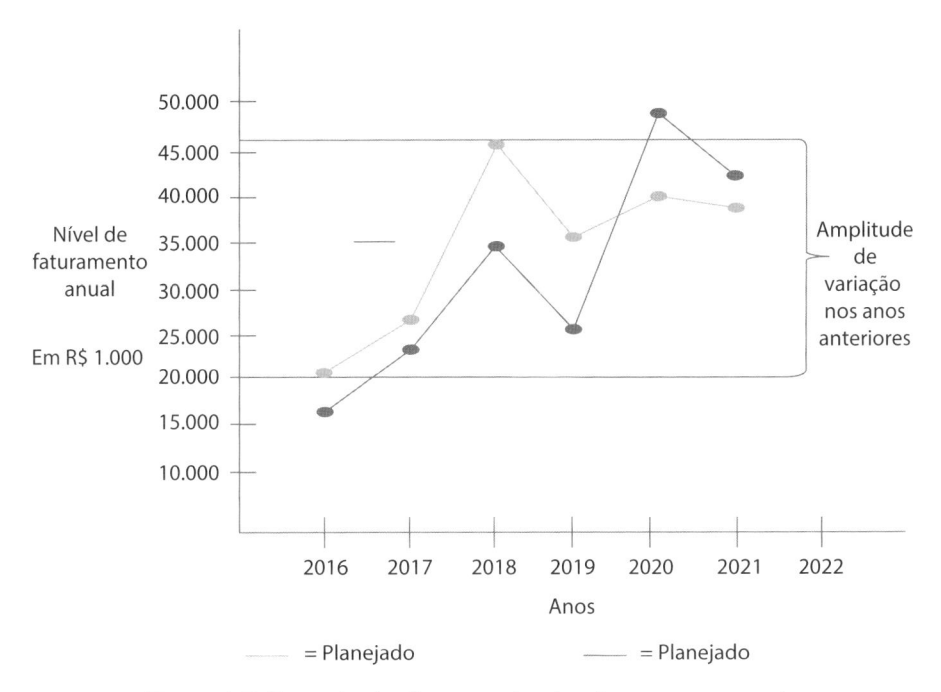

Figura 4.7 Exemplo de diagrama de planejamento e controle.

4.6.2 Cronograma

Cronograma (do grego *cronos* = tempo + *grama* = gráfico) é um gráfico de planejamento e de controle cujo padrão é o tempo. É constituído de um gráfico de dupla entrada que indica, nas linhas horizontais, as atividades planejadas de um processo e, nas colunas verticais, marca os períodos de tempo dedicado a cada uma das atividades, mostrando o início e o término de cada atividade por meio de linhas. Geralmente, as linhas cheias representam o que foi planejado (planejamento), enquanto as linhas pontilhadas representam o que foi realizado (controle), permitindo comparações fáceis e rápidas.

A Figura 4.8 mostra o que foi planejado (em preto) e o que foi realmente executado (em cinza).

O mesmo cronograma utilizado pelo planejamento pode servir para controlar o desempenho ou o resultado das atividades planejadas, permitindo uma comparação fácil e objetiva. Assim, o planejado e o executado são visualizados com extrema simplicidade na Figura 4.8.

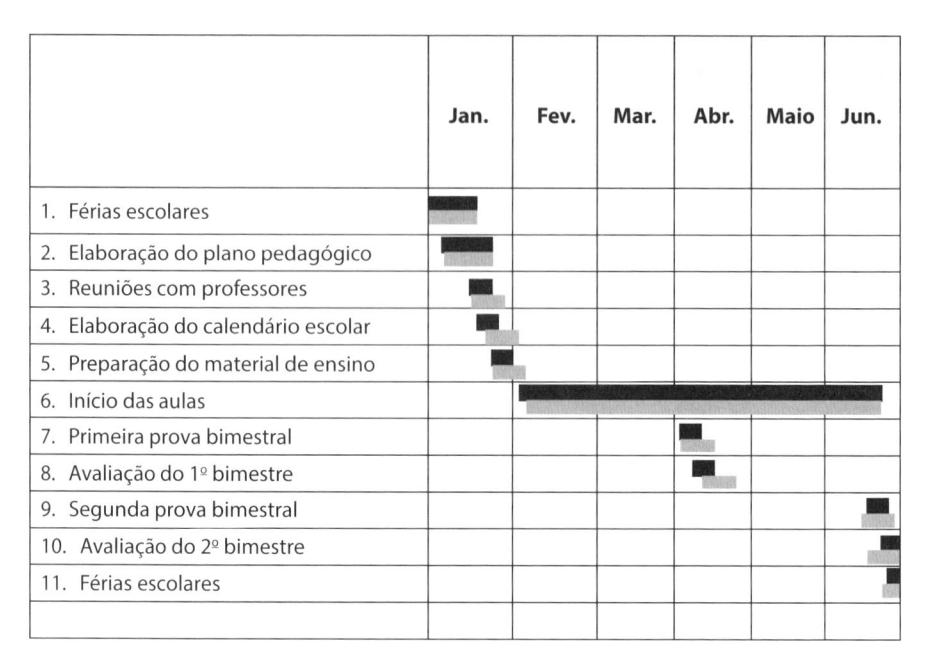

	Jan.	Fev.	Mar.	Abr.	Maio	Jun.
1. Férias escolares	▬					
2. Elaboração do plano pedagógico	▬					
3. Reuniões com professores	▪					
4. Elaboração do calendário escolar	▪					
5. Preparação do material de ensino	▪					
6. Início das aulas		▬▬▬▬▬▬▬▬▬▬▬▬▬▬▬▬▬▬▬▬				
7. Primeira prova bimestral				▪		
8. Avaliação do 1º bimestre				▪		
9. Segunda prova bimestral						▪
10. Avaliação do 2º bimestre						▪
11. Férias escolares						▪

Figura 4.8 Cronograma utilizado como planejamento e controle.[13]

4.6.3 Gráfico de Gantt

Esse gráfico foi criado por Gantt, um engenheiro que colaborou com Taylor. É um gráfico idêntico ao cronograma, mas com uma diferença: as colunas verticais (variável tempo) são divididas em quatro partes. Originalmente, o gráfico de Gantt foi criado para o planejamento e o controle da produção semanal: cada mês (coluna) é composto de quatro semanas (subcolunas), para dispensar o uso do calendário. Na Figura 4.9, é possível identificar o que está planejado (em preto) e o que foi executado (em cinza).

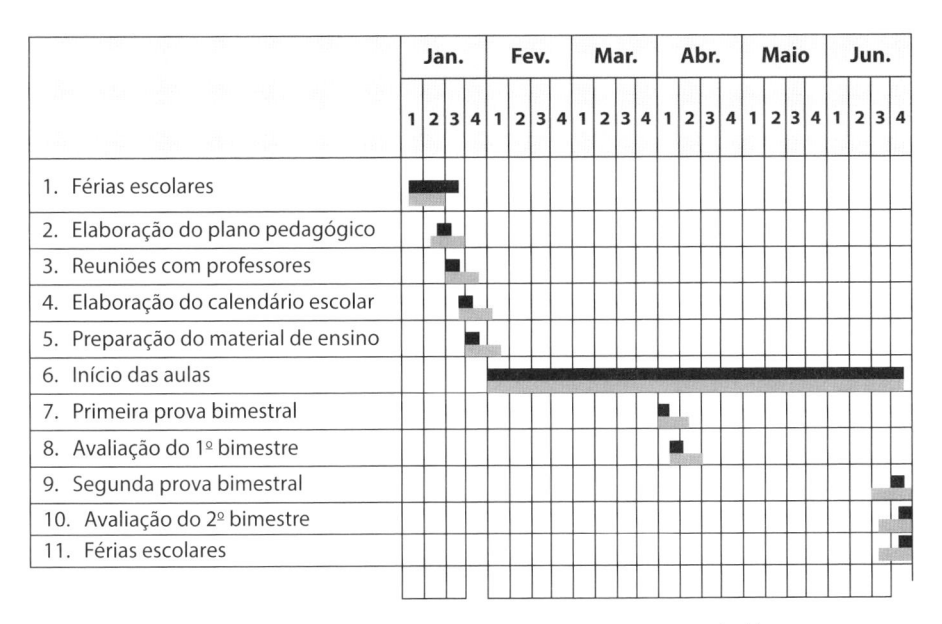

	Jan.	Fev.	Mar.	Abr.	Maio	Jun.
	1 2 3 4	1 2 3 4	1 2 3 4	1 2 3 4	1 2 3 4	1 2 3 4
1. Férias escolares	■					
2. Elaboração do plano pedagógico	■					
3. Reuniões com professores	■					
4. Elaboração do calendário escolar	■					
5. Preparação do material de ensino	■					
6. Início das aulas		████████████████████████				
7. Primeira prova bimestral				■		
8. Avaliação do 1º bimestre				■		
9. Segunda prova bimestral						■
10. Avaliação do 2º bimestre						■
11. Férias escolares						■

Figura 4.9 Gráfico de Gantt utilizado como controle.[14]

4.6.4 Fluxograma

O fluxograma (em inglês, *flowchart*) é um gráfico ou diagrama que representa o fluxo ou a sequência de procedimentos e rotinas por meio de símbolos ligados por flechas. Serve também para indicar o processo de produção de um bem ou serviço. Tem por finalidade identificar o caminho real ou ideal para produzir um produto ou serviço com o objetivo de identificar os desvios. Na prática, é uma ilustração sequencial de todas as etapas de um processo. O fluxograma utiliza poucos símbolos, como mostra a Figura 4.10.

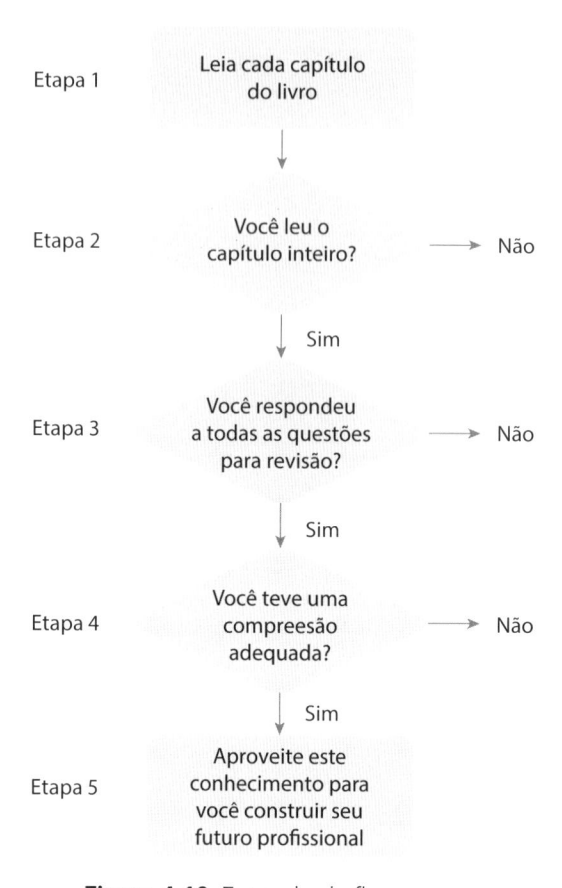

```
Etapa 1 → Leia cada capítulo do livro
              ↓
Etapa 2 → Você leu o capítulo inteiro? → Não
              ↓ Sim
Etapa 3 → Você respondeu a todas as questões para revisão? → Não
              ↓ Sim
Etapa 4 → Você teve uma compreesão adequada? → Não
              ↓ Sim
Etapa 5 → Aproveite este conhecimento para você construir seu futuro profissional
```

Figura 4.10 Exemplo de fluxograma.

4.6.5 Diagrama de blocos

Também chamado de mapa do fluxo do processo, é um tipo de fluxograma que representa um processo ou algoritmo, indicando as etapas ou os passos da sua sequência por meio de caixas (blocos) conectadas por setas. Serve para representar ou documentar processos complexos. Permite visualizar com simplicidade o fluxo de um processo ou programação. É usado também em programação de computadores e utiliza os símbolos apresentados na Figura 4.11.

Símbolos de operação	Símbolos de entradas e saídas
Processo: ação ou execução	**Dados**: de entrada ou de saída do processo
Operação manual: processo não automatizado	**Documento**: produzido pelo processo
Preparação: etapa que antecede a ação	**Multidocumentos**: produzidos pelo processo
Espera: período de espera do processo	**Display**: informação oferecida pelo processo
Símbolos de controle	**Entrada manual**: fornecida manualmente
Flecha ou linha de fluxo: indica a direção	
	Símbolos de arquivos e armazenamento
Terminal: mostra o início ou fim do processo	**Dado armazenado**: etapa em que o dado é armazenado
Conector: liga um processo a outro e/ou indica também uma inspeção ou verificação	**Disco magnético**: local de armazenamento
	Acesso automático: ao armazenamento
Decisão: indica uma opção no processo: sim/não	**Armazenamento interno**: na memória do computador ou terminal
Conector com outra página: liga uma página a outra.	**Acesso sequencial ao armazenamento**

Figura 4.11 Principais símbolos do diagrama de blocos.

Com os símbolos da Figura 4.11, o fluxo de um trabalho ou processo pode ser desenhado, assim como é possível definir o tempo de cada uma de suas fases.

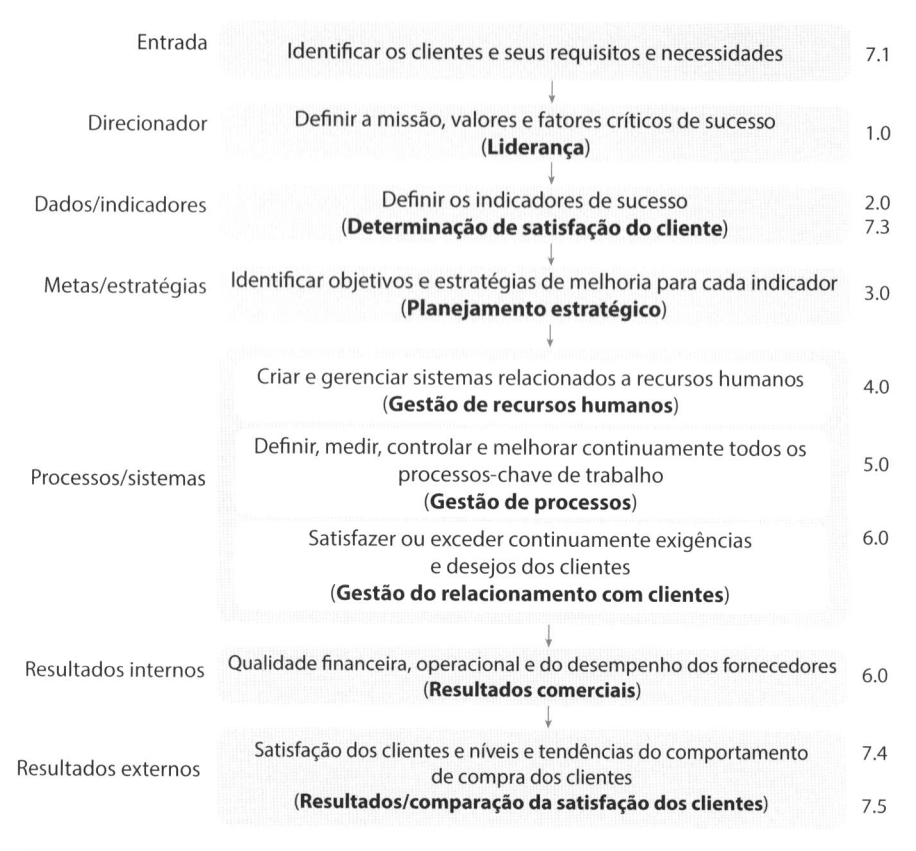

Entrada	Identificar os clientes e seus requisitos e necessidades	7.1
Direcionador	Definir a missão, valores e fatores críticos de sucesso **(Liderança)**	1.0
Dados/indicadores	Definir os indicadores de sucesso **(Determinação de satisfação do cliente)**	2.0 / 7.3
Metas/estratégias	Identificar objetivos e estratégias de melhoria para cada indicador **(Planejamento estratégico)**	3.0
Processos/sistemas	Criar e gerenciar sistemas relacionados a recursos humanos **(Gestão de recursos humanos)**	4.0
	Definir, medir, controlar e melhorar continuamente todos os processos-chave de trabalho **(Gestão de processos)**	5.0
	Satisfazer ou exceder continuamente exigências e desejos dos clientes **(Gestão do relacionamento com clientes)**	6.0
Resultados internos	Qualidade financeira, operacional e do desempenho dos fornecedores **(Resultados comerciais)**	6.0
Resultados externos	Satisfação dos clientes e níveis e tendências do comportamento de compra dos clientes **(Resultados/comparação da satisfação dos clientes)**	7.4 / 7.5

Figura 4.12 Diagrama de blocos: os critérios do Prêmio Baldrige de Qualidade.[15]

4.6.6 Histograma

É um gráfico de planejamento e controle que mostra a distribuição dos dados por meio de um conjunto de barras que indicam o volume ou número de unidades em cada categoria.

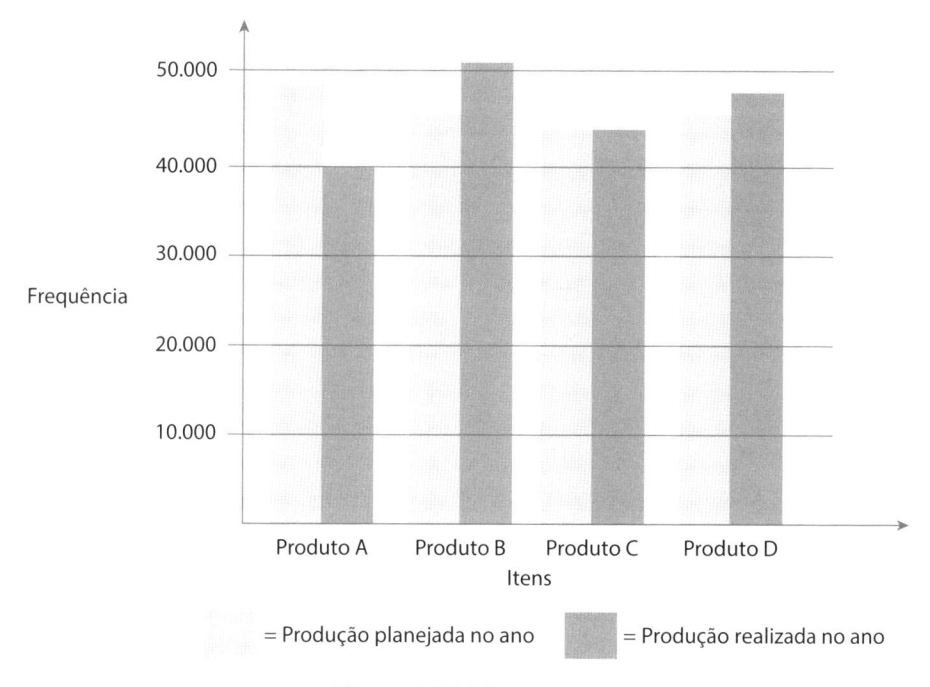

Figura 4.13 Histograma.

4.6.7 Análise de Pareto

Trata-se de um tipo de histograma. A análise de Pareto se refere à regra de 80/20: isto é, 80% dos problemas geralmente são devidos a 20% das causas. No gráfico apresentado na Figura 4.14, a regra se aplica aos 80% de produtos que produzem 20% do faturamento de uma empresa, enquanto 20% dos produtos produzem 80% do faturamento.

> Aumente seus conhecimentos sobre **Uso da análise de Pareto** na seção *Saiba mais IAD* 4.4

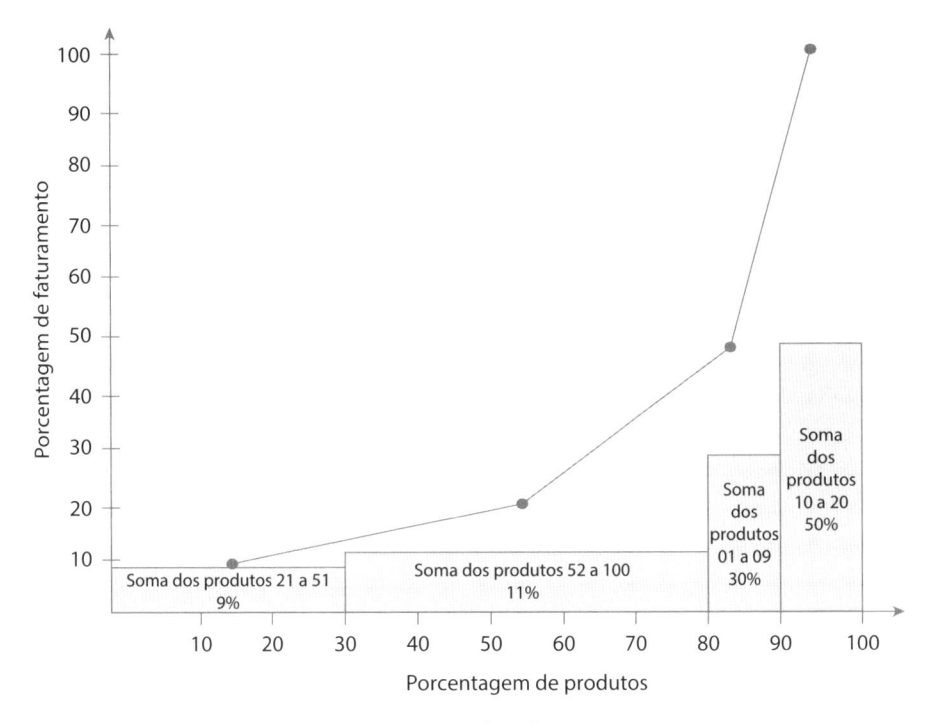

Figura 4.14 Análise de Pareto.

4.6.8 Program Evaluation Review Technique

O *Program Evaluation Review Technique* (PERT) – ou técnica de avaliação e revisão de programas – é um modelo de planejamento e controle utilizado em atividades de produção e projetos de pesquisa e desenvolvimento. O modelo básico do PERT é um sistema lógico baseado em cinco elementos principais:[16]

1. Rede básica.
2. Alocação de recursos.
3. Considerações de tempo e de custo.
4. Rede de caminhos.
5. Caminho crítico.

A rede básica é um diagrama de passos sequenciais que devem ser executados a fim de realizar um projeto ou tarefa. A rede consiste em três componentes: eventos, atividades e relações.

1. **Eventos**: representam pontos de decisão ou conclusão de atividades principais e são representadas por círculos. Indicam o início ou fim de uma atividade e não consomem recursos.

2. **Atividades**: representam o tempo ou recursos necessários para avançar de um evento a outro e são representadas por linhas ou flechas. Ocorrem entre os eventos e representam os esforços físicos ou mentais requeridos para completar um evento. As atividades são pontilhadas quando diferentes indivíduos ou unidades são responsáveis por elas.
3. **Relações**: configuram a sequência entre eventos e atividades. Resultam em um caminho crítico que é a sequência mais longa ou demorada de eventos e atividades na rede. Um determinado evento 3 não pode ocorrer enquanto os eventos 1 e 2 não forem cumpridos. Todo PERT tem um caminho crítico, que é o conjunto de linhas de maior tempo de duração. O caminho crítico determina o tempo máximo de duração do projeto.

A montagem do PERT requer cinco etapas distintas:[17]

1. **Identificar as atividades importantes**: que devem ser completadas para que o projeto seja concluído. Cada atividade resulta em um conjunto de eventos ou resultados.
2. **Verificar a ordem das atividades envolvidas**: em que os eventos devem ser completados.
3. **Esquematizar o fluxo das atividades**: desde o início até o final, identificando cada atividade e sua relação com as outras. O resultado é uma rede de atividades interligadas direta ou indiretamente.
4. **Calcular o tempo estimado para completar cada atividade**: por meio de uma média ponderada entre:
    - Estimativa de tempo otimista: quanto tempo a atividade levaria em condições ideais.
    - Estimativa de tempo mais provável: quanto tempo a atividade normalmente levaria.
    - Estimativa de tempo pessimista: quanto tempo a atividade levaria em condições adversas.
5. **Definir a programação das atividades**: por meio da rede com as estimativas de tempo para cada atividade, datas de início e término de cada atividade e para o projeto inteiro.

O caminho crítico não possui nenhuma folga e, por isso, quaisquer atrasos que ocorram ao longo do caminho crítico atrasam todo o projeto.

O Quadro 4.4 mostra um projeto de introdução de uma nova linha de produtos com 11 eventos principais e cujo caminho crítico tem a duração de 79 dias. O primeiro passo é montar um quadro preparatório.

Quadro 4.4 Quadro preparatório para elaboração do PERT de lançamento de uma nova linha de produtos[18]

Evento	Descrição	Tempo Dias	Evento Pré-requisito	Tempo Otimista		Tempo Pessimista		Folga
				Início	Fim	Início	Fim	
1	Projeto do novo produto	5	–	1	5	1	5	0
2	Definição de componentes	20	1	6	25	6	25	0
3	Projeto dos componentes	25	2	26	50	26	50	0
4	Aprovação final	13	3	51	63	51	63	0
5	Projeto de produção	4	3	2	29	42	45	16
6	Aquisição do maquinário	20	5	3	49	46	65	16
7	Instalação das máquinas	10	2	2	35	54	63	28
8	Admissão de pessoal	20	4 e 7	64	65	64	65	0
9	Treinamento de pessoal	30	6 e 8	66	66	66	66	0
10	Testes dos protótipos	5	9	67	71	67	71	0
11	Início da produção	8	10	72	70	72	79	0

O quadro preparatório permite desenhar o gráfico de PERT, como mostra a Figura 4.15.

Na Figura 4.15, o projeto de introdução de uma nova linha de produtos apresenta um caminho crítico de 79 dias. Em outros termos, para a consecução do projeto, o tempo se expande para esse número de dias, o mínimo necessário para a sua implementação total.

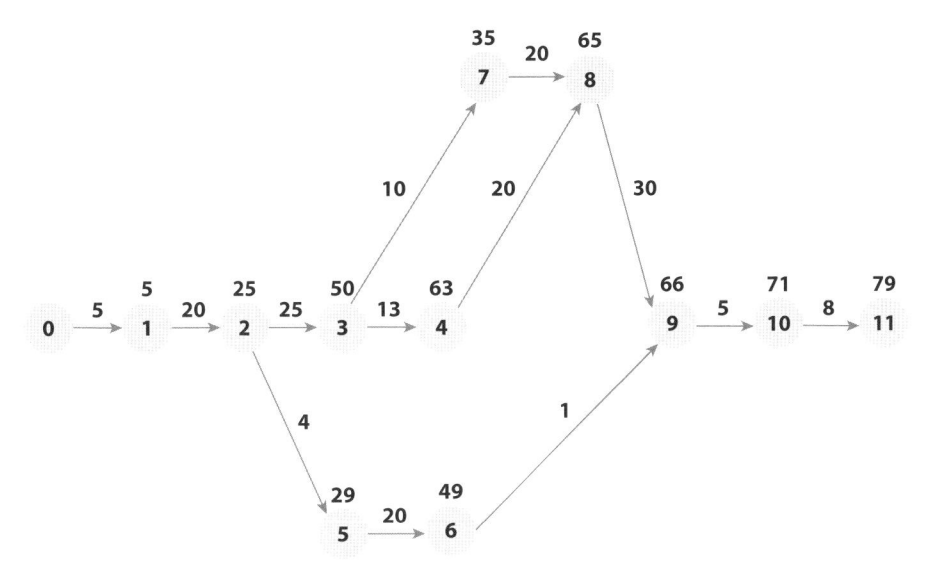

Figura 4.15 Diagrama de PERT: introdução de uma nova linha de produtos.[19]

Aumente seus conhecimentos sobre **PERT/CPM** na seção *Saiba mais IAD* 4.5

O PERT é um modelo de planejamento e controle operacional que permite um esquema de controle e avaliação de programas e projetos complexos. Com ele, pode-se planejar e avaliar o progresso feito em comparação com padrões previamente determinados de tempo. Se houver algum desvio na execução, essa ferramenta permite localizar quando e onde deve ser aplicada alguma ação corretiva. Embora o PERT não possa impedir erros, atrasos, mudanças ou eventos imprevistos, ele proporciona rápida indicação das ações corretivas imediatas.[20]

4.6.9 Orçamentos

São planos numéricos para alocar recursos em atividades específicas. O orçamento é um planejamento e controle financeiro que envolve tanto as entradas (recebimentos, receitas, faturamento) quanto as saídas (pagamentos, despesas, custos). Proporcionam padrões quantitativos para medir e comparar consumo de recursos. Quando denunciam desvios entre o padrão e o consumo real, tornam-se dispositivos de controle.

Existem vários tipos de orçamentos. Os mais importantes são: orçamento de receita, despesa, lucro, caixa e aplicação de capital.

Quanto à sua base de construção, os orçamentos podem ser:

- **Orçamentos incrementais**: planos que adotam o período anterior como ponto de referência ou como ponto de partida. O último período representa a base do novo período a ser orçado com os devidos ajustes em itens individuais, como inflação, crescimento. Assim, tendem a limitar mudanças ousadas ou radicais por meio do reforço no passado. Constituem o tipo tradicional de orçamentação.
- **Orçamentos de base zero**: planos que partem do zero e cada um de seus itens deve ser previamente justificado. Criam um novo orçamento a partir do nada e todos os seus itens devem ser justificados. Todas as atividades, programas e projetos incluídos no orçamento são avaliados em termos de custos e benefícios. Tendem a evitar que atividades inadequadas, antiquadas ou menos importantes continuem recebendo seus recursos como no passado.

SAIBA MAIS

Os princípios gerais de administração são condições ou regras que procuram orientar o comportamento do administrador. O planejamento também está sujeito a dois princípios tradicionais e que servem para indicar a melhor maneira de elaborar um bom planejamento:

Princípio da definição do objetivo: o objetivo deve ser definido de forma clara e concisa para que o planejamento seja adequado ao seu alcance. O planejamento é feito em função do objetivo que se pretende atingir. Como a finalidade do planejamento é determinar como o objetivo deverá ser alcançado, se o objetivo não for claramente definido, o planejamento será muito vago e dispersivo.

Princípio da flexibilidade do planejamento: o planejamento deve ser flexível e elástico a fim de poder se adaptar a situações imprevistas que podem ocorrer no futuro. Como o planejamento se refere ao futuro, a sua execução deve permitir certa flexibilidade para ajustar-se a situações que podem sofrer alterações imprevistas no decorrer do tempo. A flexibilidade permite atender a contingências que podem alterar totalmente a situação futura.

Capítulo 4 – Planejamento

Quadro 4.5 Orçamento de caixa de entradas e saídas

Itens:	Jan.	Fev.	Mar.	Abr.	Maio	Jun.	Jul.	Ago.	Set.	Out.	Total
Entradas:											
Faturamento São Paulo	200	200	200	200	250	250	300	300	400	250	2.550
Faturamento Rio de Janeiro	200	200	200	200	250	250	300	300	400	250	2.550
Faturamento Norte	100	100	100	100	150	150	200	200	200	150	1.450
Faturamento Sul	100	100	100	100	150	150	200	200	200	150	1.450
Subtotal	100	100	100	100	150	150	200	200	200	150	1.450
Saídas:											
Despesas administrativas	100	100	150	180	200	200	250	250	250	200	1.780
Despesas operacionais	200	200	200	200	200	200	200	250	250	200	2.100
Pagamentos fornecedores	100	100	100	120	120	200	200	300	300	150	1.790
Salários	100	100	100	100	100	100	100	150	150	150	1.150
Encargos sociais	80	80	80	80	80	80	80	100	100	100	860
Subtotal	580	580	630	680	700	780	830	1.050	1.050	800	7.680
Saldo (positivo ou negativo):	+20	+20	-30	-80	+100	+20	+170	-50	+150	0	320

Assim, o planejamento mostra como toda organização trata o seu futuro e aposta nela. Em suma, o planejamento prepara e define toda a atividade que o administrador pretende desenvolver e executar. Significa a colocação no papel daquilo que ele deverá fazer para alcançar objetivos e oferecer resultados com os recursos e as competências disponíveis.

QUESTÕES PARA REVISÃO

1. Conceitue planejamento.
2. Qual a importância do planejamento?
3. Por que se torna necessário o planejamento?
4. O que é racionalidade?
5. O que é um plano?
6. Quais são os tipos de planos?
7. O que são programas?
8. O que são procedimentos?
9. O que são métodos?
10. O que são normas?
11. Quais são os princípios fundamentais do planejamento?
12. Explique o princípio da flexibilidade do planejamento.
13. Explique o princípio da definição do objetivo.
14. O que é objetivo empresarial?
15. Quais são as técnicas de planejamento?
16. O que é cronograma?
17. Para que serve o cronograma?
18. O que é Gráfico de Gantt?
19. O que é PERT?
20. Qual a diferença entre um plano-meio e um plano-fim?

REFERÊNCIAS

1. CHIAVENATO, I. *Introdução à Teoria Geral da Administração*. 10. ed. São Paulo: Atlas, 2020.
2. CHIAVENATO, I. *Introdução à Teoria Geral da Administração*, op. cit.

3. CHIAVENATO, I. *Introdução à Teoria Geral da Administração*, op. cit., p. 325.
4. TERSINE, R. J. Organization Decision: theory – a synthesis. *In*: GEORGE, R. T. (ed.). *Management*: Selected Readings. Homewood: Richard D. Irwin, 1973. p. 139.
5. CHIAVENATO, I. *Introdução à Teoria Geral da Administração*, op. cit., p. 325.
6. SIMON, H. A. *O Comportamento Administrativo*. Rio de Janeiro: Fundação Getulio Vargas, Serviço de Publicações, 1967.
7. CHIAVENATO, I. *Recursos Humanos*: o capital humano das organizações. 11. ed. São Paulo: Atlas, 2020.
8. CHIAVENATO, I. *Administração nos Novos Tempos*. 4. ed. São Paulo: Atlas, 2020. p. 220.
9. CHIAVENATO, I. *Introdução à Teoria Geral da Administração*, op. cit.
10. CHIAVENATO, I. *Introdução à Teoria Geral da Administração*. São Paulo: Atlas, 2020.
11. CHIAVENATO, I. *Administração*: teoria, processo e prática. 6. ed. São Paulo: Atlas, 2022.
12. CHIAVENATO, I. *Administração*: teoria, processo e prática, op. cit.
13. CHIAVENATO, I. *Administração*: teoria, processo e prática, op. cit.
14. CHIAVENATO, I. *Administração*: teoria, processo e prática, op. cit.
15. BROWN, M. G. *O Sistema Baldrige da Qualidade*: critérios do prêmio. São Paulo: Makron Books, 1995. p. 70.
16. CHIAVENATO, I. *Administração nos Novos Tempos*, op. cit.
17. ROBBINS, S. P. *Administração*: mudanças e perspectivas. São Paulo: Saraiva, 2003. p. 159-160.
18. CHIAVENATO, I. *Administração nos Novos Tempos*, op. cit.
19. CHIAVENATO, I. *Administração nos Novos Tempos*, op. cit.
20. CHIAVENATO, I. *Administração nos Novos Tempos*, op. cit.

5 ORGANIZAÇÃO

O QUE VEREMOS ADIANTE

- Conceito de organização.
- Níveis de organização.
- Organograma.
- Estrutura organizacional.
- Departamentalização.
- Princípios tradicionais de organização.
- Questões para revisão.

As organizações não são amorfas, soltas e nem desestruturadas. Elas precisam ser organizadas no sentido de promover uma constituição, uma estrutura que interligue as suas áreas funcionais e seus níveis organizacionais de atividade de modo a garantir integridade e coordenação. Como organismos vivos que vivem e palpitam, crescem e se desenvolvem, as organizações precisam ser devidamente estruturadas, organizadas e continuamente reorganizadas para que todos os seus elementos constituintes possam funcionar melhor e de maneira integrada. A organização é a segunda função administrativa que trata da estrutura organizacional das organizações, isto é, da formatação e do desenho de como as suas partes deverão estar interligadas. A estrutura organizacional corresponde ao papel que a estrutura óssea tem em relação ao corpo humano: dá-lhe a sustentação e a conectibilidade necessária. Contudo, a organização não é algo que se vê ou enxerga, e sim uma conexão entre as várias unidades que formam a empresa.

Aumente seus conhecimentos sobre **Conceitos de organização** na seção *Saiba mais IAD* 5.1

Normalmente, em nossos lares, temos cada coisa no seu devido lugar – na sala, na cozinha, em cada quarto: tudo é organizado de uma maneira lógica e racional para que todas as coisas sejam utilizadas da melhor maneira para facilitar nossas vidas. Também nas organizações, as pessoas e os recursos organizacionais são distribuídos, alocados e arranjados de acordo com suas funções e de maneira lógica e racional. O papel da organização é exatamente dividir o trabalho, distribuir, alocar, arranjar, agrupar, reunir e especializar para que as atividades de toda a organização sejam executadas da melhor maneira possível, contribuindo para o alcance dos objetivos organizacionais.

5.1 CONCEITO DE ORGANIZAÇÃO

Organização constitui a segunda etapa do processo administrativo, vindo logo após o planejamento e sendo seguida pela direção e controle. Ambas as funções administrativas – o planejamento e a organização – constituem as etapas que antecedem a execução dos trabalhos e das atividades. Isso significa que antes que alguma atividade seja executada na organização, ela deverá ter sido previamente planejada e organizada.

Planejamento

Organização
- Trata da divisão do trabalho organizacional
- Definir os níveis hierárquicos
- Definir as áreas de competências
- Definir os canais de comunicação
- Definir autoridade e responsabilidade

Controle

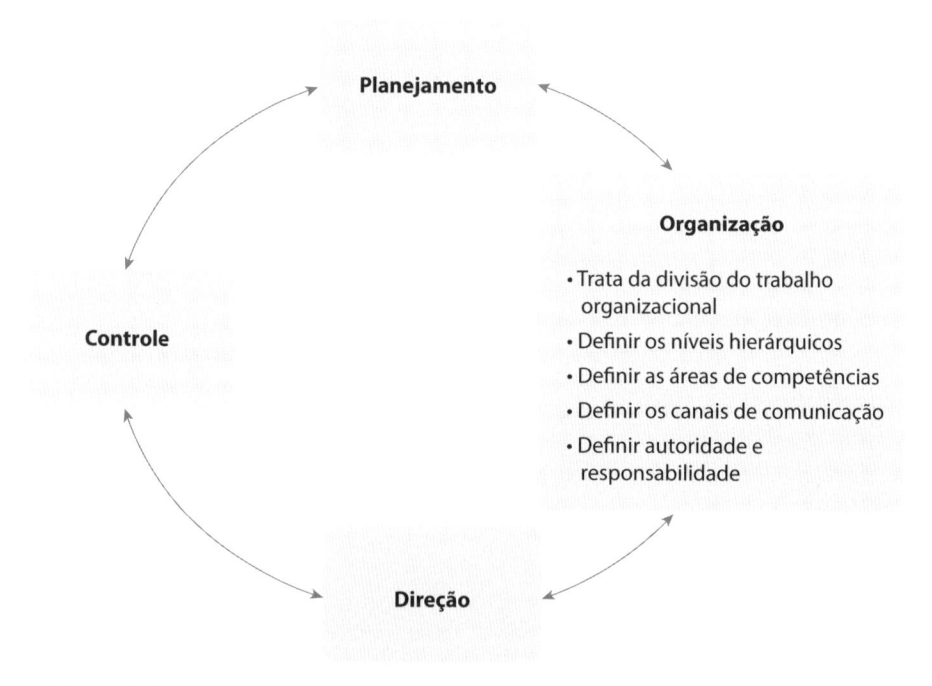

Direção

Figura 5.1 A organização como a segunda etapa do processo administrativo.[1]

Organização é a função administrativa que se incumbe do agrupamento dos órgãos e das atividades necessárias para atingir os objetivos organizacionais. O agrupamento dos órgãos e das atividades envolve a reunião de pessoas e recursos empresariais sob a autoridade de um líder ou de uma hierarquia de autoridade composta de liderança de lideranças. Assim, a organização precisa lidar com pessoas, órgãos e relações de autoridade e responsabilidade. Para que os objetivos sejam alcançados, os planos executados e para que as pessoas possam trabalhar eficientemente, as atividades precisam ser adequadamente agrupadas e a autoridade precisa ser convenientemente distribuída dentro da organização.

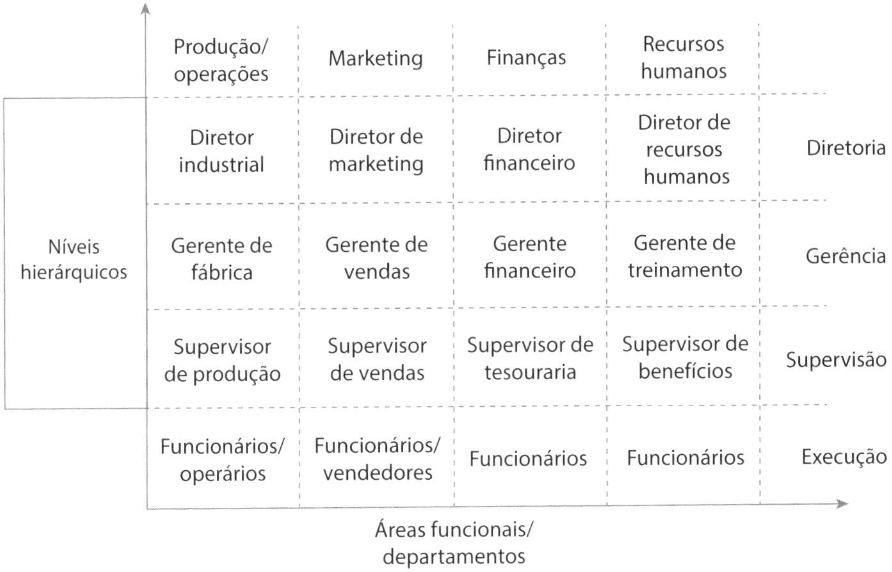

Níveis hierárquicos	Produção/ operações	Marketing	Finanças	Recursos humanos	
	Diretor industrial	Diretor de marketing	Diretor financeiro	Diretor de recursos humanos	Diretoria
	Gerente de fábrica	Gerente de vendas	Gerente financeiro	Gerente de treinamento	Gerência
	Supervisor de produção	Supervisor de vendas	Supervisor de tesouraria	Supervisor de benefícios	Supervisão
	Funcionários/ operários	Funcionários/ vendedores	Funcionários	Funcionários	Execução

Áreas funcionais/ departamentos

Figura 5.2 As especializações vertical e horizontal da organização.

5.2 NÍVEIS DE ORGANIZAÇÃO

A organização serve para agrupar e estruturar todos os recursos da empresa – órgãos, pessoas e equipamentos – para permitir e facilitar o alcance dos objetivos almejados da melhor forma possível. Assim, o objetivo da função de organização é agrupar órgãos e pessoas para que trabalhem melhor em conjunto. A organização é estruturada em três níveis organizacionais:[2]

1. **Nível estratégico e global**: estrutura organizacional envolvendo a organização ou a empresa como uma totalidade.

2. **Nível tático**: departamentalização, referindo-se às unidades organizacionais, ou seja, às áreas ou departamentos que compõem a organização.

3. **Nível operacional**: referindo-se a cada tarefa ou atividade a ser executada pela base da organização.

Como o trabalho empresarial é complexo e impossível de ser realizado por uma só pessoa, ele precisa ser organizado e integrado. Devido à sua complexidade, o trabalho empresarial é dividido e fragmentado para que cada pessoa ou equipe – assim como cada órgão – possa fazer o seu trabalho específico. Daí a necessidade de muitas pessoas em conjunto executando atividades diferentes, o que conduz a um novo problema: o da coordenação e da integração entre as várias e diferentes atividades.

> **SAIBA MAIS — Os níveis e as áreas de organização**
>
> A função de organizar pode ser feita no nível estratégico, quando envolve e define toda a estrutura organizacional da empresa. A organização no nível tático envolve e define o que chamamos de departamentalização, e pode ser operacional quando focaliza as tarefas e as atividades cotidianas na base da empresa. Além disso, pode haver a organização da área de marketing, a da área financeira, a da produção/operações e, ainda, a da área de gestão humana. O fato é que de nada adianta ter objetivos a alcançar e um bom planejamento se não houver uma organização adequada como plataforma para alcançá-los adequadamente. Nisso reside o encanto da tarefa da organização: servir como infraestrutura básica para proporcionar a melhor base para alcançar os objetivos propostos.

Quadro 5.1 Os níveis de organização como função administrativa

Nível de organização	Amplitude	Opções
Estratégico e global	Trata da organização como uma totalidade	Tipos de organização a adotar: • Linear • Funcional • Linha-*staff* • Matriz • Em redes
Tático	Trata de cada unidade da organização	Tipos de departamentalização a adotar: • Por funções • Por produtos ou serviços • Por localização geográfica • Por clientela • Por processos • Por projetos

(continua)

(continuação)

Nível de organização	Amplitude	Opções
Operacional	Trata de cada atividade ou tarefa a ser executada	Tipos de organização operacional a adotar: • Cargos • Células de produção • Equipes

5.3 ORGANOGRAMA

Como o próprio nome indica, organograma é o gráfico que representava a organização formal de uma empresa, ou seja, a sua estrutura organizacional. É composto de retângulos ou blocos (que representam os cargos ou órgãos) que são ligados entre si por linhas (que representam as relações de comunicação). Quando são horizontais, as linhas representam relações laterais de comunicação; quando são verticais, representam relações de autoridade (do superior sobre o subordinado) ou relações de responsabilidade (do subordinado em relação ao superior). O que não está ligado por linha nenhuma não tem relação entre si. Geralmente, cada retângulo tem dois terminais de comunicação: o da responsabilidade em relação ao seu superior e o da autoridade em relação aos seus subordinados, como mostra a Figura 5.3.

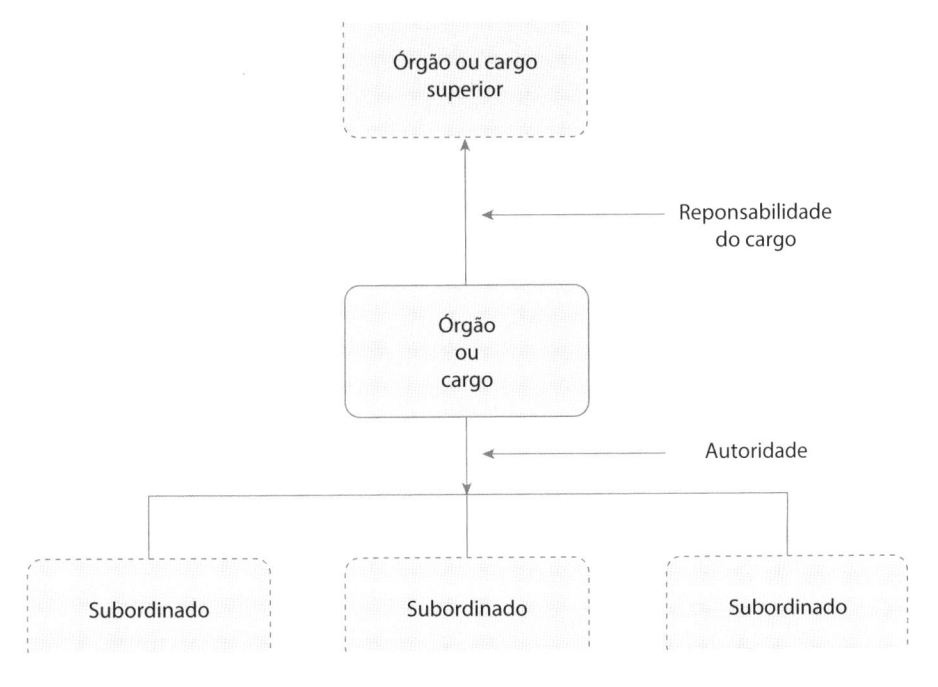

Figura 5.3 Os terminais de autoridade e de responsabilidade de um cargo.[3]

Obviamente, o cargo mais alto da empresa não possui o terminal de cima, pois não se subordina a ninguém, enquanto o cargo mais baixo não tem o terminal de autoridade, pois não tem nenhum subordinado abaixo de si. Com os retângulos ou blocos e com as linhas horizontais e verticais, pode-se construir o organograma.

Acontece que o organograma retratava a organização como uma fotografia ou radiografia em dado momento, e não levava em consideração a sua dinâmica, os seus objetivos e os seus movimentos. E quase sempre retratava a tradicional estrutura organizacional utilizada durante a Era Industrial: o modelo burocrático de organização baseado na divisão do trabalho e na hierarquização. Por essa razão, o organograma se tornou uma peça de museu e foi substituído por outras maneiras de retratar a estrutura organizacional dos tempos atuais: uma formatação menos rígida e mais dinâmica, como o exemplo da Figura 5.4, que reproduz a estrutura convencional de uma fábrica fictícia.

Equipe administrativa
- Diretor da fábrica
- Gerente de planejamento
- Gerente de manufatura
- Gerente de abastecimento
- Gerente de manutenção
- Representante dos operários

Equipe de assessoria
- Gerente de recursos humanos
- Gerente de planejamento
- Supervisor de custos industriais
- Supervisor de manutenção
- Representante dos operários

Equipe executiva
- Gerente de manufatura
- Gerente de abastecimento
- Gerente de manutenção
- Supervisores de manufatura
- Representante dos operários

Figura 5.4 Estrutura organizacional de uma fábrica fictícia.

O velho esquema tradicional de organizar está abrindo espaço para novas ideias e modelos a respeito da organização interna da empresa.

5.4 ESTRUTURA ORGANIZACIONAL

A palavra **estrutura** significa a disposição ou o arranjo das partes que constituem uma entidade, como uma organização, um ser vivo, um edifício, um livro ou uma equipe. Significa a disposição ou arranjo dos órgãos ou cargos que compõem uma empresa.

Em toda organização existe uma estrutura formal e uma estrutura informal:[4]

- **Estrutura formal**: é a estrutura oficialmente aceita pela direção da empresa e é composta dos órgãos e dos cargos, sendo tradicionalmente representada pelo organograma. É também chamada estrutura organizacional da empresa.
- **Estrutura informal**: é a rede de relacionamentos humanos e sociais que existe espontaneamente entre as pessoas que trabalham em uma empresa. Ao ocuparem cargos e trabalharem em órgãos da empresa, as pessoas desenvolvem relacionamentos de amizade (que facilitam as relações no trabalho) ou de antagonismos (que dificultam as relações no trabalho). Esses relacionamentos informais formam grupos sociais que não constam do organograma, mas que podem facilitar ou dificultar o funcionamento da estrutura formal ou estrutura organizacional. Contudo, a estrutura informal nem sempre é entendida ou percebida, pois ela não é mapeada, nem é visível ou aparente.

> **SAIBA MAIS** — **A organização como base**
>
> A organização permite que a empresa, como uma totalidade, ou cada um de seus departamentos possa contar com uma plataforma que permita os melhores funcionamento e desempenho. Contudo, toda empresa é, acima de tudo, uma organização social. Ela é composta de pessoas que cuidam de recursos (materiais, financeiros, tecnológicos etc.) e que oferecem competências no sentido de melhor utilizá-los e aplicá-los. Assim, a estrutura formal da empresa deve sempre levar em consideração a estrutura informal, composta dos relacionamentos sociais espontâneos que as pessoas desenvolvem em função de suas atividades na empresa. Saber lidar com essa estrutura informal é fundamental para o sucesso da empresa. Tornar a empresa o melhor lugar para se trabalhar é, hoje, indispensável para a busca e a retenção de talentos. Nisso reside o encanto da organização: criar o melhor espaço físico e psicológico para as pessoas trabalharem em busca dos objetivos esperados.

A estrutura organizacional – estrutura formal de uma empresa – constitui a maneira pela qual os órgãos e os cargos estão distribuídos nos diversos níveis hierárquicos (cadeia escalar) e nos diversos departamentos da empresa (departamentalização). Cada **órgão** representa uma unidade de trabalho que agrupa pessoas e unidades menores. Dependendo do nível hierárquico em que estão situados, os **órgãos** podem ser denominados diretorias, divisões, departamentos ou seções. Por sua vez, cada cargo representa um conjunto de atividades desempenhadas por um ocupante que tem uma posição definida no organograma: isto é, posicionado em um nível hierárquico e incluído em um determinado **órgão**. Os cargos podem ser denominados diretores, gerentes, chefes, encarregados etc.

Quadro 5.2 Órgãos e cargos típicos do aparato administrativo das empresas

Órgãos	Cargos
Diretoria	Diretores
Departamento	Gerentes
Seção	Supervisores
Setor	Encarregados

A estrutura formal (ou estrutura organizacional) varia enormemente de uma empresa para outra. Aliás, cada empresa tem a sua própria estrutura organizacional, como tem a sua própria cultura, sua própria história, seu negócio, sua individualidade, seus produtos e serviços.

Existem três tipos básicos de estrutura organizacional: linear, funcional e linha-*staff*.[5]

5.4.1 Estrutura linear

É a estrutura organizacional mais simples e antiga. Tem sua origem na organização militar e é frequentemente encontrada em empresas pequenas. Baseia-se na hierarquia e na unidade de comando. É chamada linear por causa das linhas únicas de autoridade e responsabilidade entre cada superior e seus subordinados. Como as linhas de comunicação são rigidamente estabelecidas, o princípio da hierarquia e o princípio escalar são seguidos à risca. Por isso, o seu organograma apresenta uma configuração parecida com a de uma pirâmide, tendo na cúpula a centralização de todas as decisões. Cada chefe centraliza todas as decisões, pois recebe e transmite todas as comunicações que entram e que saem do seu órgão. O chefe supremo é o centralizador maior de toda a organização.

A estrutura linear é simples e de fácil compreensão e implantação, mas é aplicável somente em empresas de pequeno porte. À medida que a empresa cresce, surge o problema do congestionamento das comunicações do topo da pirâmide pelo fato de as comunicações seguirem a cadeia escalar e, consequentemente, serem quase sempre indiretas. É uma estrutura organizacional que impede a especialização, seja dos órgãos, seja das pessoas.

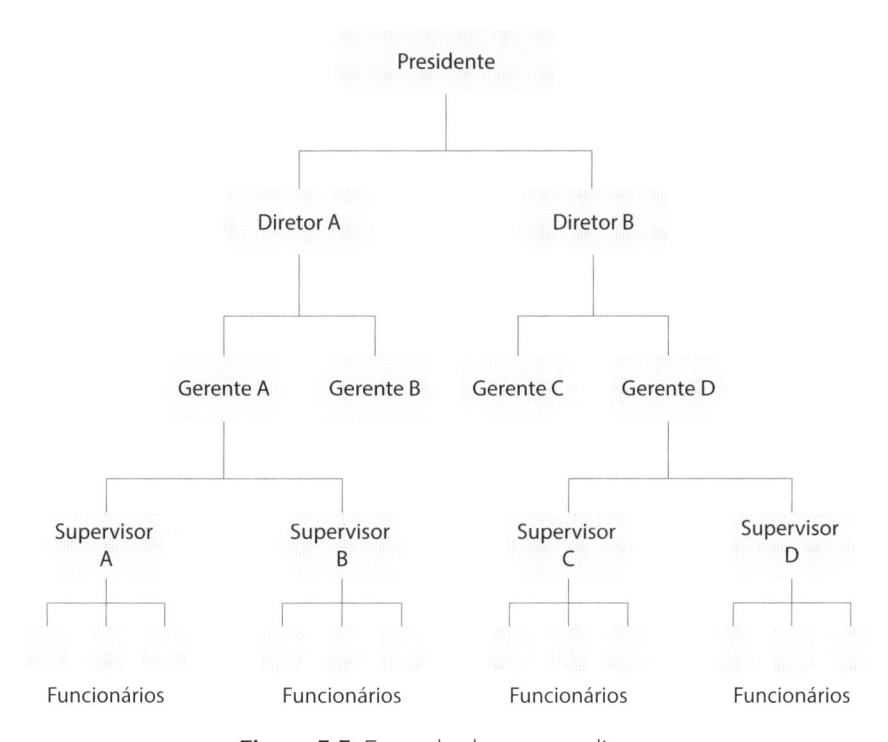

Figura 5.5 Exemplo de estrutura linear.

5.4.2 Estrutura funcional

É também uma estrutura organizacional simples, mas, ao contrário da estrutura linear, está baseada na especialização. Por isso, cada subordinado responde a diversos superiores, cada qual especializado em determinada área. Isso faz com que a autoridade seja dividida e a responsabilidade do subordinado seja compartilhada entre diversos superiores. Tem a vantagem de proporcionar descentralização e melhor supervisão técnica por meio de linhas diretas entre o subordinado e o chefe especializado capaz de resolver o problema. Porém, traz a tremenda desvantagem da confusão de ordens provocada pela autoridade dividida entre diversos chefes para um mesmo subordinado.

A estrutura funcional pode ser utilizada apenas nos níveis mais baixos da organização, tal como no exemplo da Figura 5.6, em que cada supervisor tem autoridade funcional sobre todos os operários a respeito de sua especialidade. Consequentemente, cada operário pode ter acesso a qualquer supervisor, desde que tenha alguma dificuldade ou problema naquela especialidade do supervisor.

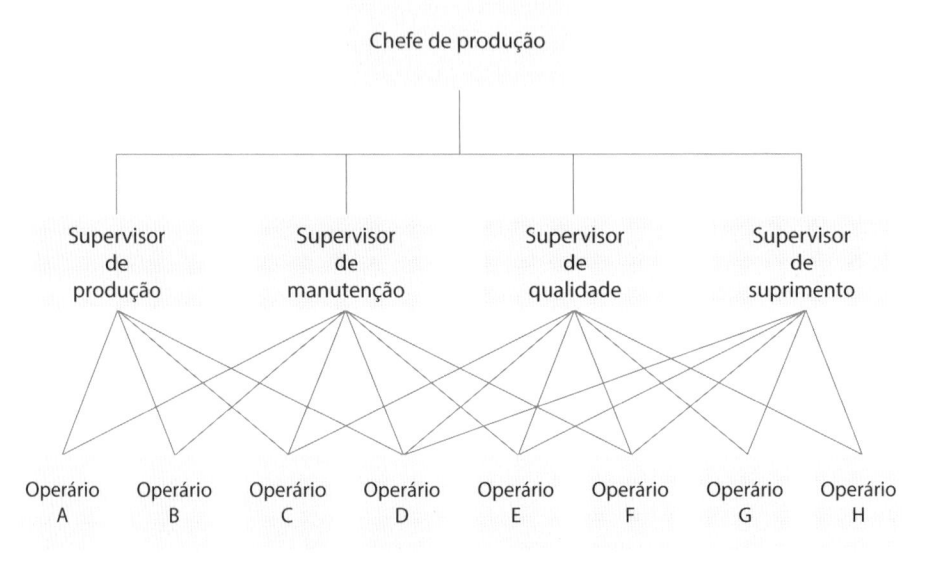

Figura 5.6 Exemplo de estrutura funcional.

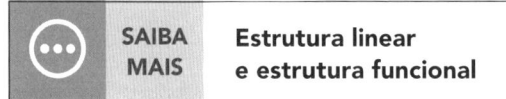

> **SAIBA MAIS**
>
> **Estrutura linear e estrutura funcional**
>
> São tipos de estruturas organizacionais mais simples e antigas. Em geral, são úteis apenas para pequenas empresas, pois ao mesmo tempo em que definem relacionamentos diretos e indiretos, limitam-nos na prática. Vivemos em um mundo de negócios complexo, dinâmico, mutável e volátil, e toda empresa precisa criar condições internas para que as pessoas possam utilizar todos os contatos e as conexões possíveis – sejam internos, sejam externos. A busca e a divulgação da informação são fundamentais para que a empresa conheça seus ambientes externo e interno e, assim, possa tomar decisões imediatas sem perder tempo. Conectibilidade é fundamental ao organizar uma empresa.

Organização linear   Organização funcional

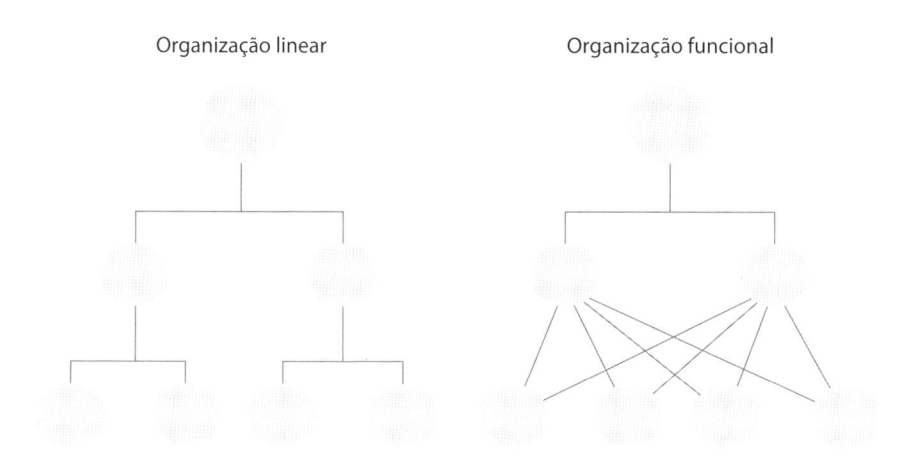

- Principio da autoridade linear
- Autoridade única ou unidade de comando
- Generalização do comando

- Principio da autoridade funcional
- Autoridade funcional e variedade de comando
- Especialização do comando

Figura 5.7 Diferenças entre organização linear e organização funcional.[6]

5.4.3 Estrutura linha-staff

Esse tipo de estrutura organizacional apresenta **órgãos de linha** e **órgãos de staff**, bem como as características da estrutura linear e as características da estrutura funcional, convivendo entre si. É, portanto, uma estrutura mista, capaz de aproveitar as vantagens da estrutura linear e da estrutura funcional e de reduzir as desvantagens de cada uma delas. Assim, a estrutura linha-*staff* baseia-se simultaneamente na hierarquia (estrutura linear) e na especialização (estrutura funcional).[7] É o tipo de estrutura organizacional ideal para as empresas de grande porte.

A estrutura linha-*staff* é muito complexa e bastante aplicável às empresas modernas. Contudo, apresenta a possibilidade de conflitos entre os **órgãos de linha** (interessados em atingir os objetivos principais da empresa) e os **órgãos de staff** (interessados em atingir objetivos ligados às suas atividades).

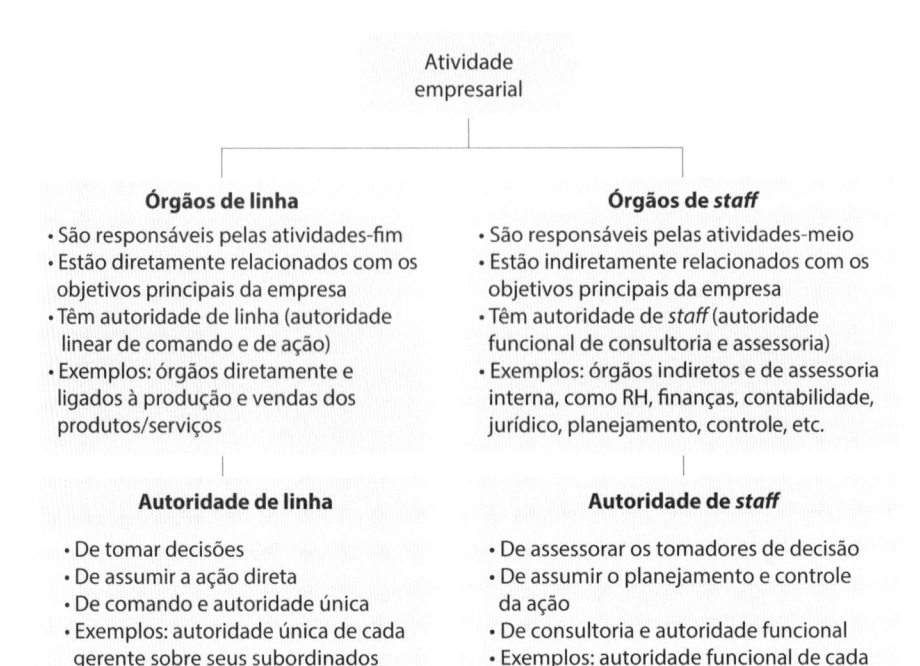

```
                        Atividade
                       empresarial
          ┌────────────────┴────────────────┐
     Órgãos de linha                   Órgãos de staff
• São responsáveis pelas            • São responsáveis pelas
  atividades-fim                      atividades-meio
• Estão diretamente relacionados    • Estão indiretamente relacionados
  com os objetivos principais         com os objetivos principais
  da empresa                          da empresa
• Têm autoridade de linha           • Têm autoridade de staff
  (autoridade linear de comando      (autoridade funcional de
  e de ação)                          consultoria e assessoria)
• Exemplos: órgãos diretamente      • Exemplos: órgãos indiretos e de
  e ligados à produção e vendas       assessoria interna, como RH,
  dos produtos/serviços               finanças, contabilidade,
                                      jurídico, planejamento,
                                      controle, etc.

     Autoridade de linha              Autoridade de staff
• De tomar decisões                 • De assessorar os tomadores
• De assumir a ação direta            de decisão
• De comando e autoridade única     • De assumir o planejamento e
• Exemplos: autoridade única          controle da ação
  de cada gerente sobre seus        • De consultoria e autoridade
  subordinados                        funcional
                                    • Exemplos: autoridade funcional
                                      de cada gerente sobre a ação
                                      de outros gerentes
```

Figura 5.8 As atividades de linha e de *staff* em uma empresa.

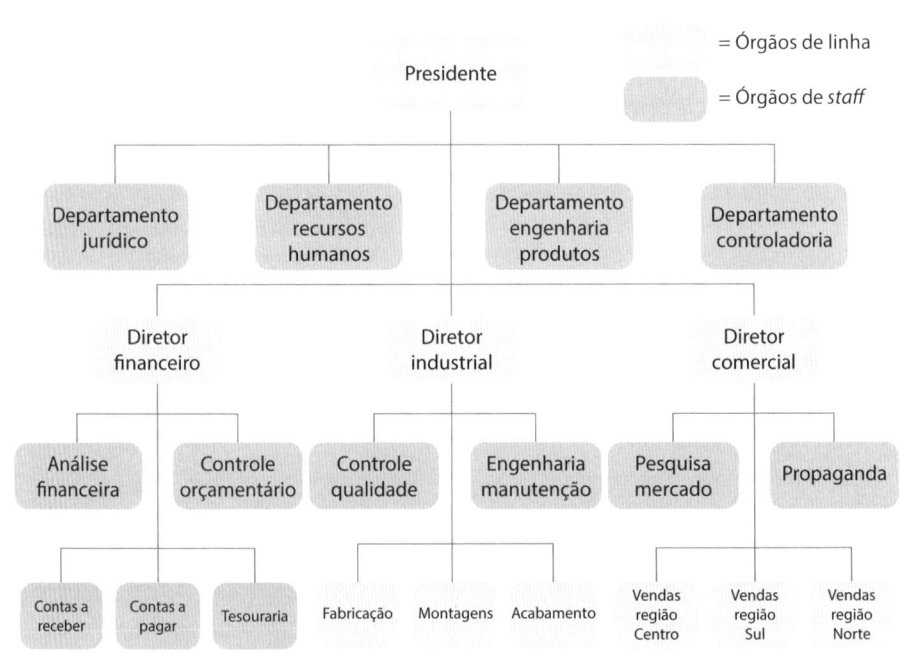

Figura 5.9 Exemplo de uma organização linha-*staff*.[8]

5.4.4 Outros tipos de estrutura organizacional

Os três tipos tradicionais de estrutura organizacional – linear, funcional e linha-*staff* – foram criados e desenvolvidos no decorrer da Era Industrial e adequados para situações de permanência, estabilidade e conservantismo. Quase sempre envolvem desvantagens como rigidez, falta de flexibilidade, dificuldade de aceitar mudanças, que os tornam pouco maleáveis para a Era da Informação, plena de mudanças, transformações, imprevisibilidade e incertezas. Hoje, frente à Era Digital, o desafio maior das empresas está na competitividade e não mais na permanência. Em função das novas exigências do mundo dos negócios, estão surgindo novos formatos organizacionais, capazes de proporcionar mais flexibilidade e competitividade às empresas. Vejamos a seguir.

5.4.4.1 Estrutura matricial

Também chamada de matriz ou organização em grade, constitui uma combinação da departamentalização por função com a departamentalização por produtos. Enquanto a departamentalização por função está focada na organização interna, a departamentalização por produtos focaliza cada produto a ser produzido. Trata-se de uma estrutura mista que permite lidar melhor com a complexidade. Na estrutura matricial, a área das funções oferece os recursos necessários, enquanto a área dos produtos oferece os resultados da empresa, como mostra a Figura 5.10.

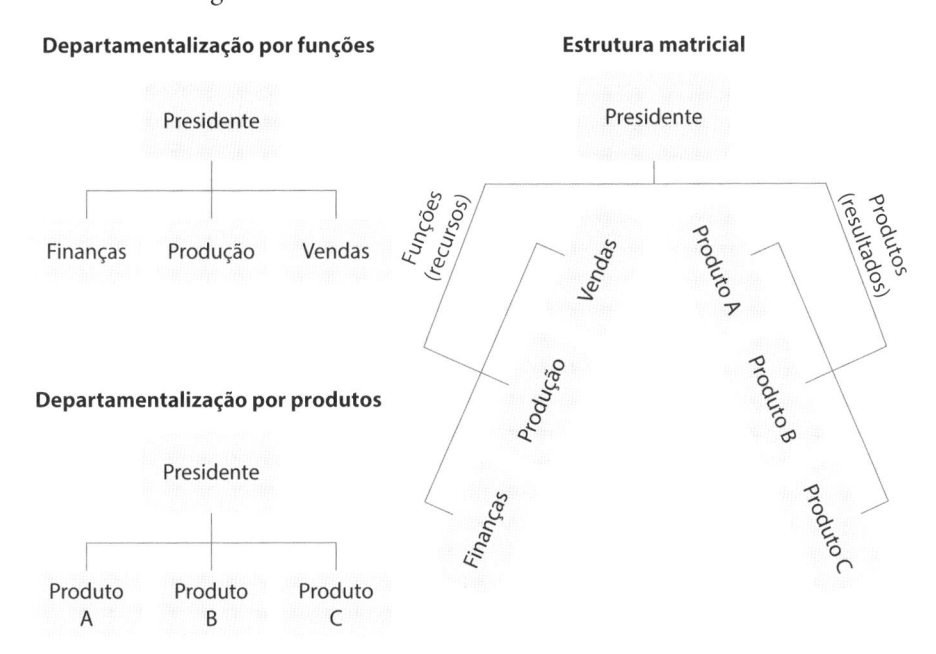

Figura 5.10 Estrutura matricial *versus* estrutura por função e por produto.[9]

A organização matricial é um tipo misto de organização que permite que tanto as funções quanto os produtos sejam focalizados com igual intensidade. De um lado, as funções oferecem especialidades, e de outro lado, os produtos requerem um foco específico em cada um deles.

> Aumente seus conhecimentos sobre **Exemplo da estrutura matricial** na seção *Saiba mais IAD 5.2*.

Na prática, a dificuldade é alcançar um razoável equilíbrio entre as funções e os produtos na organização matricial. É que ela escolhe uma estrutura dual de autoridade e, ao fazê-lo, sacrifica o princípio da unidade de comando e oferece uma delicada balança de poder entre as funções principais da empresa e os seus produtos. Quase sempre, alguma das partes é beneficiada em relação às outras, que saem perdendo. Contudo, o importante é que a matriz busca eliminar as desvantagens que a departamentalização por função e a departamentalização por produto oferecem quando utilizadas separada ou individualmente, como veremos adiante.

5.4.4.2 Estrutura em redes

Na Era da Informação, muitas empresas estão se constituindo em cadeias ou redes (*networks*) que se articulam entre si graças a um centro virtual que coordena e integra os vários negócios ou unidades. O núcleo da rede define a estratégia e todas as unidades ao seu redor se concentram nela. Em alguns casos, a estrutura por redes integra empresas físicas, em outros, empresas virtuais. O segredo é garantir relativa autonomia às empresas ou unidades integrantes ao mesmo tempo em que se assegura coordenação intensa e integração no negócio.

A estrutura em rede permite que várias empresas ou departamentos distantes fisicamente entre si possam trabalhar em conjunto e de maneira integrada e articulada. Sua principal característica é a conectibilidade e integração entre as empresas envolvidas na rede.

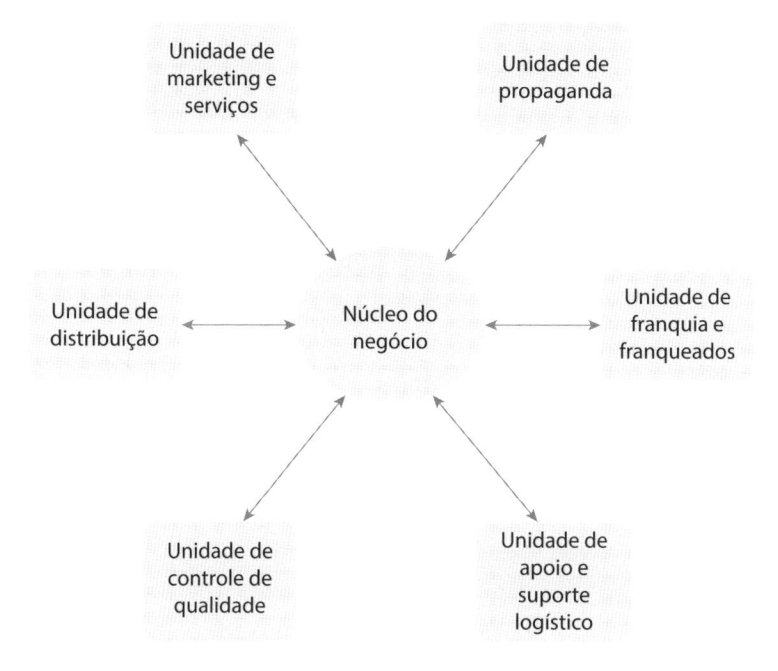

Figura 5.11 Estrutura em rede de negócios.[10]

5.4.4.3 Organização virtual

A organização virtual abandona totalmente a velha estrutura física que caracteriza uma organização tradicional e convencional. As organizações virtuais usam constructos mentais e tecnológicos para representar certos aspectos da organização que nas organizações tradicionais têm existência física e concreta. São empreendimentos virtuais que utilizam a imaginação, a Tecnologia da Informação (TI), alianças e outras redes para organizar e sustentar uma atividade que transcende fronteiras.

> Aumente seus conhecimentos sobre **Organizações virtuais** na seção *Saiba mais IAD* 5.3

A TI é considerada a facilitadora mais importante da organização virtual. Essa parece ser mais um repertório de módulos de conexão bastante variável, inserido em uma rede de informação eletrônica. Contudo, é possível ter atividade organizada a partir de módulos ou grupos conectados sem a ajuda da moderna TI. O modo de organização de clã se aproxima dessa descrição e funcionou em sociedades como a China e o sul da Itália por muitos séculos. Na verdade, a TI abriu um vasto leque de novas possibilidades e estendeu a potencial abrangência da organização virtual para o nível global.[11]

De um modo geral, organizar uma organização virtual constitui uma tarefa complexa que leva tempo, já que a organização não é uma entidade estática, mas um organismo vivo que aprende e se desenvolve continuamente ao longo do tempo. Isso significa que a organização está sempre se organizando e reorganizando no sentido de se adaptar rapidamente às constantes e voláteis mudanças que ocorrem no ambiente ao redor dela.

5.5 DEPARTAMENTALIZAÇÃO

A departamentalização é uma forma de organização. Ela é o agrupamento efetuado no nível intermediário ou tático da empresa. Cada empresa tem a sua divisão do trabalho organizacional, que provoca a especialização dentro dela. Vimos que a especialização vertical se refere ao desdobramento dos níveis hierárquicos. Quanto maior a especialização vertical, maior o número de camadas hierárquicas dentro da empresa. Ao lado da especialização vertical (hierarquia), temos a especialização horizontal, que se refere ao desdobramento das áreas de atividades (departamentos) dentro da empresa. Assim, quanto maior a especialização horizontal, maior é o número de departamentos dentro da empresa. Departamento designa uma área, divisão ou segmento distinto de uma empresa, sobre o qual o administrador (diretor, gerente, supervisor) assume autoridade linear para o desempenho de atividades específicas.[12] A departamentalização refere-se à estrutura organizacional no nível tático ou departamental da empresa.

Enquanto a estrutura organizacional trata da integração da empresa como uma totalidade, a departamentalização trata da sua subdivisão em departamentos ou divisões.

A departamentalização pode se apresentar sob uma variedade de tipos, à escolha das empresas, como veremos a seguir.[13]

5.5.1 Departamentalização por funções

É também chamada departamentalização funcional (embora o nome não esteja relacionado à estrutura ou autoridade funcional). Ela se baseia nas funções de cada departamento, como finanças, marketing, produção ou operações, gestão humana. Procura agrupar órgãos e cargos por função para aproveitar a integração de conhecimentos, habilidades, competências e processos de trabalho em uma só unidade. A departamentalização por funções enfatiza a especialização ao reunir as pessoas segundo sua especialidade funcional.

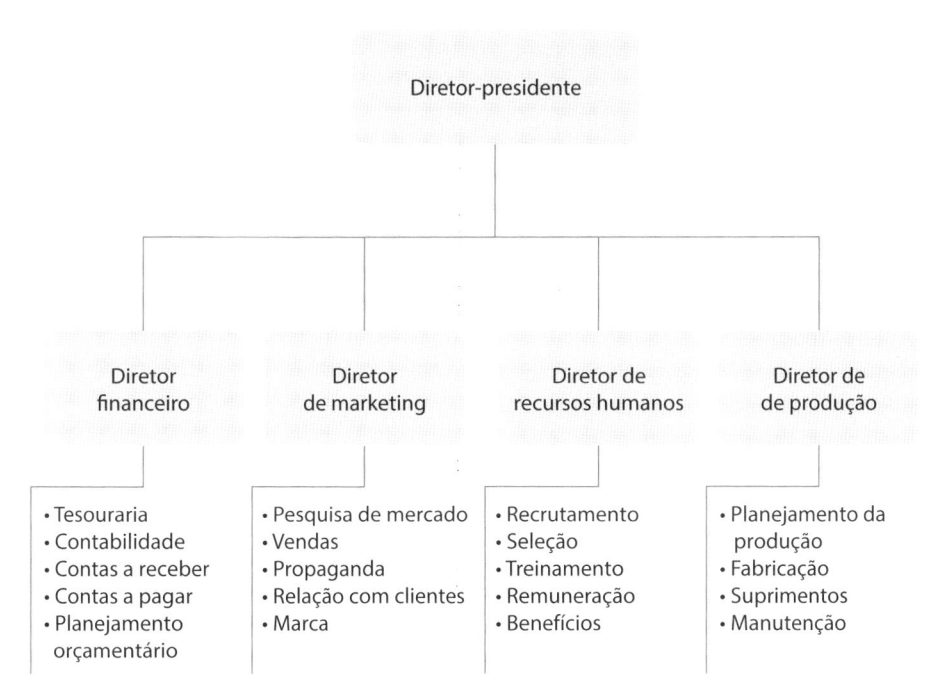

```
                          Diretor-presidente
                                  |
        ┌─────────────────┬───────┴────────┬─────────────────┐
   Diretor            Diretor         Diretor de         Diretor de
  financeiro       de marketing    recursos humanos      de produção
        |                 |                |                  |
• Tesouraria      • Pesquisa de mercado  • Recrutamento   • Planejamento da
• Contabilidade   • Vendas               • Seleção          produção
• Contas a receber• Propaganda           • Treinamento    • Fabricação
• Contas a pagar  • Relação com clientes • Remuneração    • Suprimentos
• Planejamento    • Marca                • Benefícios     • Manutenção
  orçamentário
```

Figura 5.12 Exemplo de departamentalização por funções.

A departamentalização por funções é uma abordagem introvertida e introspectiva: o foco está no interior da empresa e omite qualquer tentativa de adaptabilidade ao ambiente exterior. É como se a empresa fosse autônoma, autossuficiente e o ambiente ao seu redor simplesmente não existisse. Por outro lado, cria uma tendência a cada departamento funcionar como um silo separado e segregado e ignorar os demais departamentos. Os objetivos departamentais tendem a ficar mais importantes do que os objetivos estratégicos e globais da empresa e pode provocar dissonâncias e conflitos entre os objetivos departamentais, prejudicando os resultados globais do negócio. A maioria das empresas ainda está departamentalizada por funções. E a nossa preocupação com sua configuração predominantemente rígida, pois é dotada de fronteiras e obstáculos horizontais, faz com que cada departamento se isole dos demais e procure trabalhar isoladamente – ou até mesmo competir com os demais.

5.5.2 Departamentalização por produtos ou serviços

Existe quando a empresa pretende enfatizar seus produtos e serviços, e não as suas funções internas. É a departamentalização que procura reunir todas as atividades relacionadas com seu produto ou serviço a fim de melhor coordenar as atividades requeridas para ele. A departamentalização por produtos ou serviços permite um foco maior naquilo que a empresa produz, isto é, nas suas saídas.

Enquanto a departamentalização por funções focaliza a organização interna da empresa (em suas funções internas), a departamentalização por produtos põe o foco principal naquilo que a empresa produz. O problema está na dificuldade de definir como os vários produtos podem criar sinergias entre si.

Nas empresas não industriais, ocorre a departamentalização por serviços. Em geral, os hospitais possuem departamentos ou unidades de cirurgia, unidade de terapia intensiva, pediatria, ortopedia, ginecologia, laboratório, farmácia etc. Os bancos possuem divisões como contas-correntes, crédito, financiamento, investimento, câmbio etc.

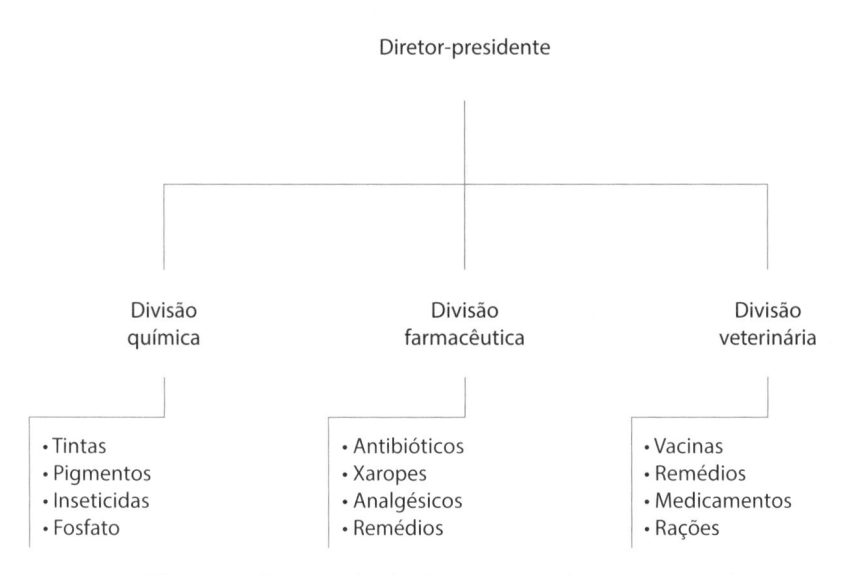

```
                    Diretor-presidente
                           |
        ┌──────────────────┼──────────────────┐
        |                  |                  |
     Divisão            Divisão            Divisão
     química          farmacêutica       veterinária
        |                  |                  |
  • Tintas          • Antibióticos      • Vacinas
  • Pigmentos       • Xaropes           • Remédios
  • Inseticidas     • Analgésicos       • Medicamentos
  • Fosfato         • Remédios          • Rações
```

Figura 5.13 Exemplo de departamentalização por produtos.

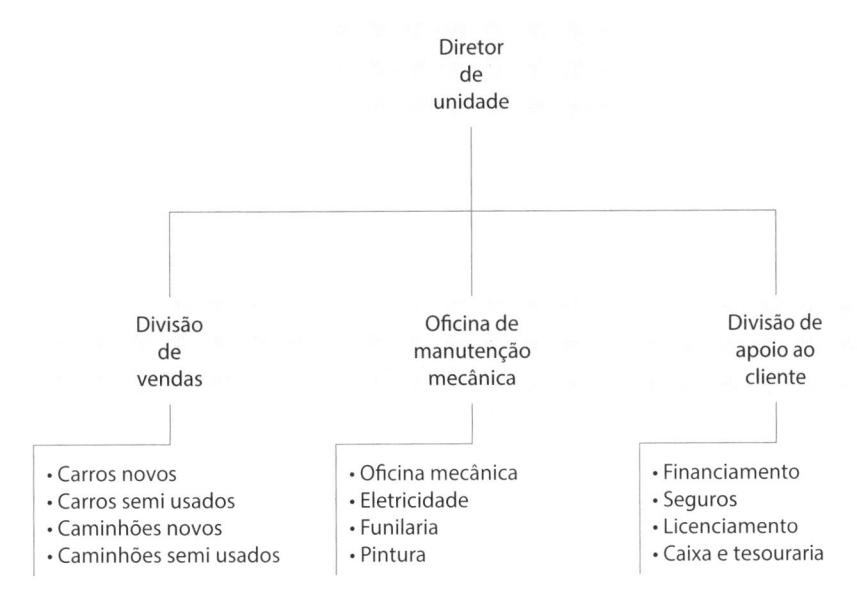

```
                    Diretor
                      de
                    unidade
        ┌─────────────┼─────────────┐
     Divisão       Oficina de    Divisão de
       de          manutenção    apoio ao
     vendas         mecânica      cliente
        │              │             │
• Carros novos    • Oficina mecânica  • Financiamento
• Carros semi usados • Eletricidade   • Seguros
• Caminhões novos • Funilaria         • Licenciamento
• Caminhões semi usados • Pintura     • Caixa e tesouraria
```

Figura 5.14 Exemplo de departamentalização por serviços em uma concessionária de veículos.

5.5.3 Departamentalização geográfica

Também denominada departamentalização por localização geográfica ou territorial. Representa o foco na área geográfica que constitui o mercado que a empresa pretende servir. A empresa se diferencia em função do território que pretende cobrir e estabelecer seu domínio. Constitui uma departamentalização extrovertida, pois a empresa está focada no seu mercado. Quase sempre, a departamentalização geográfica está restrita à área de marketing ou de produção e é muito utilizada pelo sistema bancário.

A departamentalização por localização geográfica constitui a maneira mais exteriorizada com que a empresa se ajusta ao mercado que pretende cobrir. Tudo nela está voltado para o território a ser servido pela empresa.

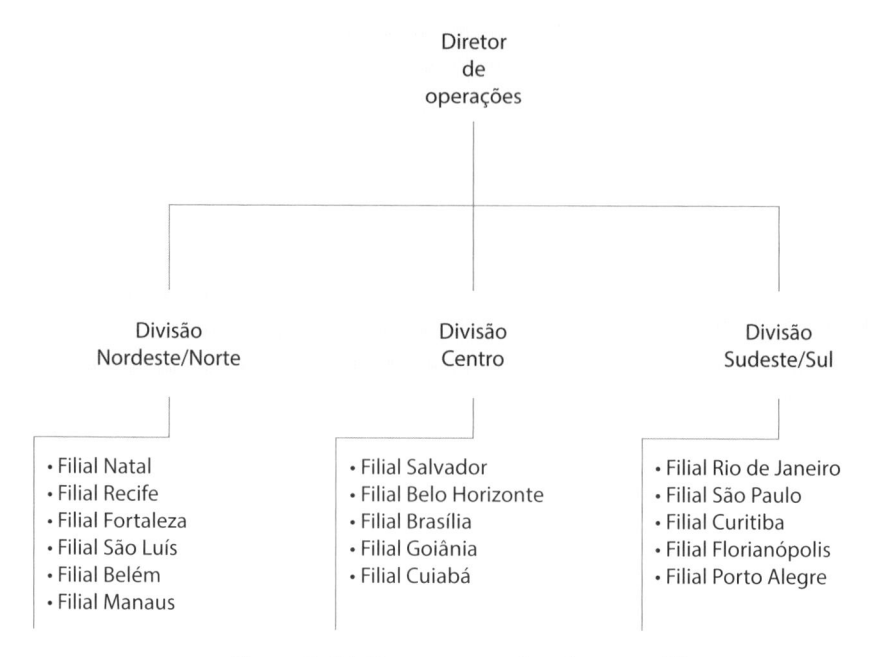

```
                    Diretor
                      de
                   operações
                       |
       ┌───────────────┼───────────────┐
    Divisão         Divisão         Divisão
 Nordeste/Norte     Centro         Sudeste/Sul
       |               |               |
• Filial Natal    • Filial Salvador    • Filial Rio de Janeiro
• Filial Recife   • Filial Belo Horizonte • Filial São Paulo
• Filial Fortaleza • Filial Brasília   • Filial Curitiba
• Filial São Luís • Filial Goiânia     • Filial Florianópolis
• Filial Belém    • Filial Cuiabá      • Filial Porto Alegre
• Filial Manaus
```

Figura 5.15 Departamentalização geográfica.

5.5.4 Departamentalização por clientela

Constitui o foco nos clientes que a empresa quer servir. A empresa se diferencia em função das características de seus clientes reais ou potenciais. Constitui a forma de departamentalização mais extrovertida, pois nada tem a ver com as funções internas ou com os produtos ou serviços produzidos pela empresa. Existe nas empresas mais focadas no seu mercado de clientes.

Contudo, a departamentalização por clientela quase sempre está restrita à área de marketing, envolvendo principalmente vendas e crédito, como na maioria das lojas.

Capítulo 5 – Organização 109

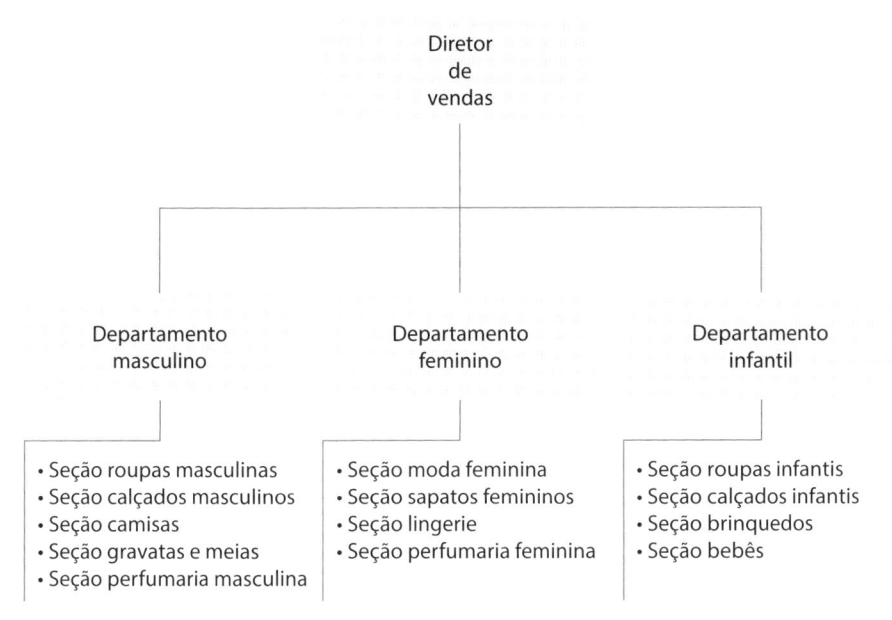

```
                        Diretor
                          de
                        vendas
           ┌──────────────┼──────────────┐
    Departamento    Departamento    Departamento
     masculino        feminino         infantil
```

- Seção roupas masculinas
- Seção calçados masculinos
- Seção camisas
- Seção gravatas e meias
- Seção perfumaria masculina

- Seção moda feminina
- Seção sapatos femininos
- Seção lingerie
- Seção perfumaria feminina

- Seção roupas infantis
- Seção calçados infantis
- Seção brinquedos
- Seção bebês

Figura 5.16 Exemplo de departamentalização por clientela.

5.5.5 Departamentalização por processos

Também denominada departamentalização por processamento, é quase sempre restrita ao nível operacional das empresas industriais e de serviços. Refere-se à maneira de agrupar unidades pela sequência do processo produtivo ou operacional ou pelo arranjo físico e disposição dos equipamentos de produção. Quase sempre, é o fluxo do processo de produção de produtos ou de serviços que define a maneira de departamentalizar por processos.

```
                    Gerente
                       de
                    produção
         ┌─────────────┼─────────────┐
      Seção de      Seção de       Seção de
     preparação da  processamento  acabamento
    matéria-prima  da matéria-prima
```

Sequência do processo →

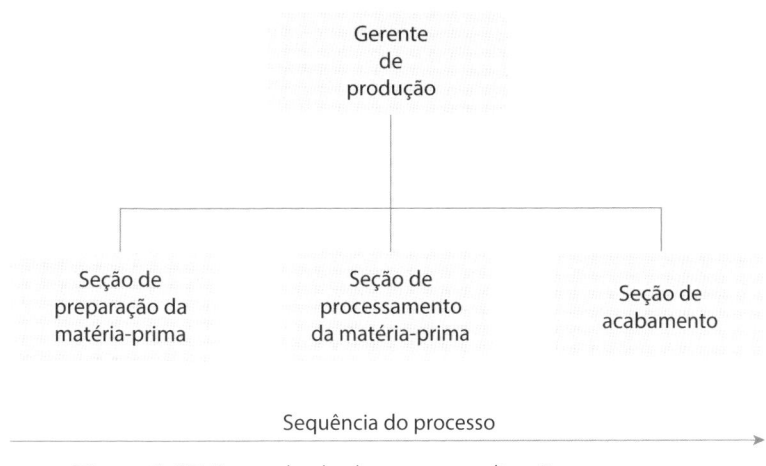

Figura 5.17 Exemplo de departamentalização por processos.

Em geral, a departamentalização por processos é feita no nível operacional no sentido de facilitar o fluxo dos processos de produção.

5.5.6 Departamentalização por projetos

A departamentalização por projetos se baseia nos principais projetos em estudo, planejamento e em execução de uma empresa. Existe principalmente nas empresas que planejam e constroem produtos complexos, de elevadíssimo valor e de tempo prolongado de execução, como construções industriais, construções civis, hidroelétricas, estradas de ferro, rodovias, navios. Cada projeto tem uma duração prolongada de tempo e uma incrível convergência de recursos e de competências que exigem controle de prazos e de custos. Assim, cada projeto é tratado como um único e exclusivo produto complexo, com planejamento individual de orçamento, custos e agendamento exclusivo. Além disso, cada projeto impõe um conjunto diversificado de competências para ser completado com êxito. No caso de um projeto de construção de um navio, envolve competências de projeto integrado, engenharia naval, metalurgia, tecnologias diversas, como máquinas, sistemas elétricos e eletrônicos etc.

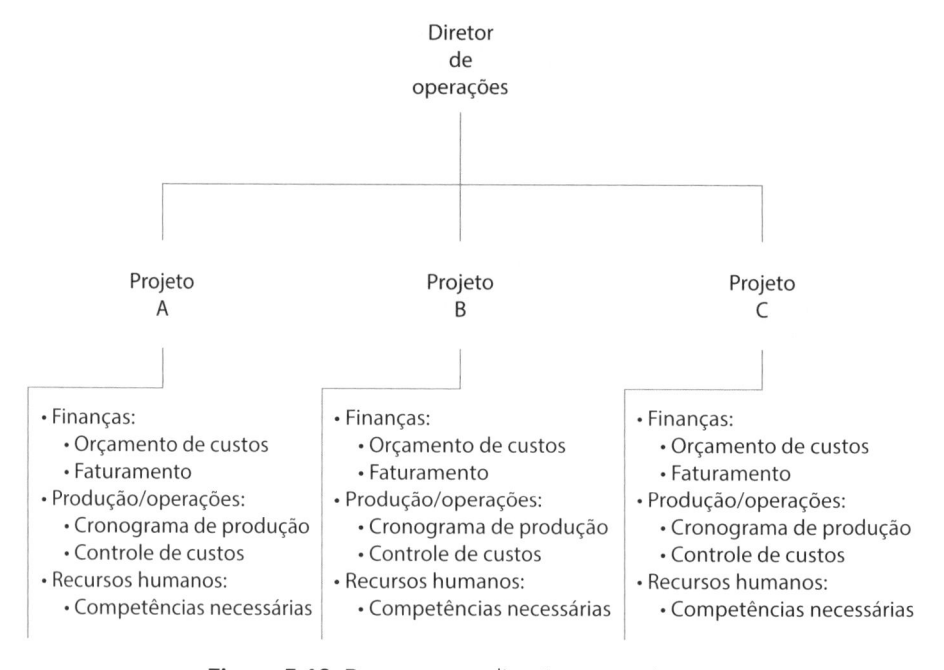

```
                        Diretor
                          de
                       operações
        ┌─────────────────┼─────────────────┐
     Projeto           Projeto           Projeto
        A                 B                 C
```

- Finanças:
  - Orçamento de custos
  - Faturamento
- Produção/operações:
  - Cronograma de produção
  - Controle de custos
- Recursos humanos:
  - Competências necessárias

- Finanças:
  - Orçamento de custos
  - Faturamento
- Produção/operações:
  - Cronograma de produção
  - Controle de custos
- Recursos humanos:
  - Competências necessárias

- Finanças:
  - Orçamento de custos
  - Faturamento
- Produção/operações:
  - Cronograma de produção
  - Controle de custos
- Recursos humanos:
  - Competências necessárias

Figura 5.18 Departamentalização por projetos.

Na verdade, a departamentalização por projetos se assemelha à departamentalização por produtos específicos, já que cada projeto é considerado um produto único, exclusivo, de alto valor e de prolongado tempo de execução, valendo a pena tratá-lo de maneira individualizada e específica.

Na prática, as empresas utilizam vários tipos de departamentalização em sua estrutura organizacional. Quase sempre, utilizam a departamentalização por função nos níveis mais elevados – estratégico e tático – e os demais tipos nos níveis tático e operacional, em uma mistura adequada ao tipo de negócio, produto, serviço ou mercado. A ênfase em qualquer desses aspectos resulta em uma matriz departamental diferente.

> **TENDÊNCIAS EM IAD**
>
> **O fim da certeza**
>
> De repente, o mundo em que vivemos começou a mudar. A certeza e a previsibilidade começaram a desaparecer e surgiram, cada vez mais poderosas, a incerteza e a imprevisibilidade. As coisas começaram a mudar cada vez mais rapidamente e aí nos deparamos subitamente com um mundo mutável, volátil, incerto, ambíguo e complexo.[14] De repente, tudo mudou radicalmente. Ingressamos na Era Digital e estamos frente à 4ª Revolução Industrial. Em vez de evitarmos a incerteza, tal como antigamente, passamos a tentar conviver com ela. Como? Estamos ainda incertos a respeito disso.

5.6 PRINCÍPIOS TRADICIONAIS DE ORGANIZAÇÃO

Durante toda a Era Industrial, era comum a adoção de cinco princípios básicos para organizar uma organização:[15]

1. **Princípio da especialização**: a organização deve fundamentar-se na divisão do trabalho, que provoca a especialização das pessoas ou órgãos em determinadas atividades. A especialização produz um incremento da quantidade e da qualidade do trabalho executado.
2. **Princípio da definição funcional**: o trabalho de cada pessoa, a atividade de cada órgão e as relações de autoridade e responsabilidade devem ser claramente definidos por escrito. As empresas geralmente utilizam o organograma, a descrição do cargo ou o manual de organização para atender ao

princípio da definição funcional. O importante é deixar clara a posição de cada pessoa ou órgão dentro da estrutura organizacional da empresa.

Quadro 5.3 Conceitos tradicionais de organograma, descrição do cargo e manual de organização

> **Organograma**: é o gráfico que representa a organização, isto é, a estrutura organizacional de uma empresa, sendo composto de figuras retangulares ou blocos que indicam cada órgão ou pessoa e que são interligadas por linhas verticais (indicando autoridade e responsabilidade correspondente) ou horizontais (indicando relações colaterais)
>
> **Descrição do cargo**: é um relatório que descreve o título do cargo, sua posição no organograma da empresa, autoridade, responsabilidades, funções exercidas e que permite dar uma ideia geral do conteúdo de cada cargo da empresa
>
> **Manual de organização**: é um manual que indica como a empresa está estruturada do ponto de vista organizacional, refletindo os níveis hierárquicos (presidente, diretores, gerentes, supervisores etc.), bem como as áreas de atividade (marketing, finanças, produção, gestão de pessoas etc.) e indicando o conteúdo de trabalho de cada área e de seus departamentos ou divisões, além dos cargos envolvidos em cada um

3. **Princípio da paridade da autoridade e responsabilidade**: a autoridade significa o poder de dar ordens e exigir obediência do subordinado, e a responsabilidade significa o dever de prestar contas ao superior. O princípio de paridade salienta que deve haver uma correspondência entre os volumes de autoridade e de responsabilidade atribuídos a cada pessoa ou unidade organizacional. Essa equivalência é necessária para evitar que certas pessoas ou órgãos tenham excessiva responsabilidade sem a necessária autoridade; ou, em caso contrário, demasiada autoridade para pouca responsabilidade. O enunciado desse princípio é: a cada responsabilidade deve corresponder uma autoridade que permita realizá-la, e a cada autoridade deve corresponder uma responsabilidade equivalente.

4. **Princípio escalar**: é decorrente do princípio anterior: é a linha de autoridade que vai desde o escalão mais alto até o mais baixo. Cada pessoa ou órgão deve saber exatamente a quem prestar contas e sobre quem possui autoridade. A cadeia escalar refere-se à cadeia de relações diretas de autoridade de um superior para um subordinado em toda a organização, indo desde a sua base até a cúpula. A Figura 5.19 mostra um organograma tradicional no qual a cadeia escalar (em linhas cheias) é percorrida por uma comunicação que vai do supervisor H ao supervisor I, passando por todos os níveis hierárquicos da empresa.

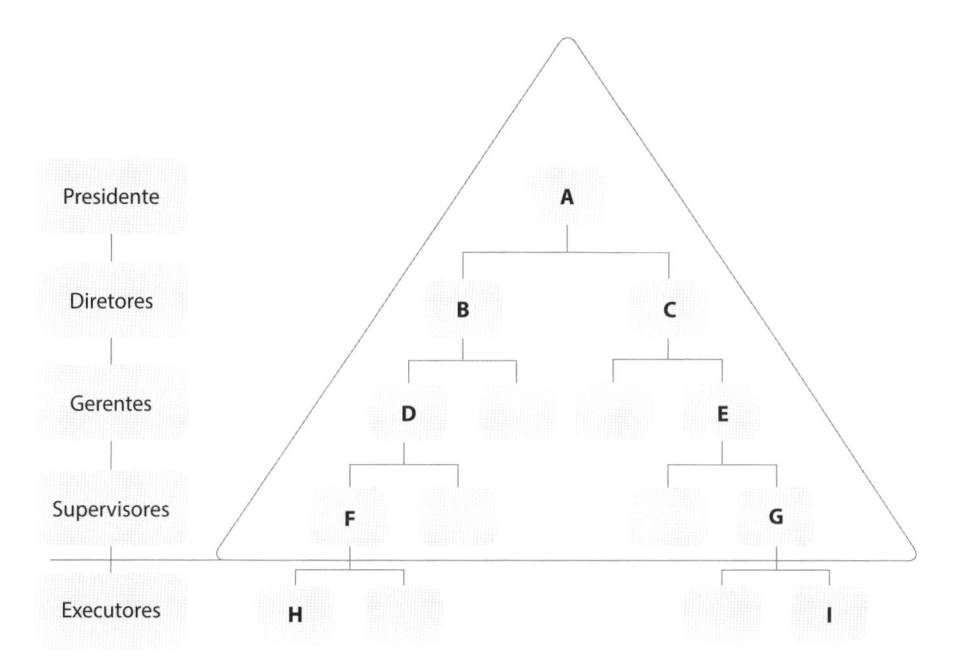

Figura 5.19 Organograma com o caminho percorrido pela cadeia escalar.[16]

TENDÊNCIAS EM IAD

Mudanças da cadeia escalar na Era Digital

Ao ingressarmos na Era Digital, todos esses conceitos tradicionais da ra Industrial foram postos em discussão. É que eles não se adaptam aos dias atuais, em que as mudanças são exponenciais. Foram úteis em uma época de estabilidade e permanência que não existe mais. E até quando serão ainda úteis? As rápidas mudanças e transformações que estão acontecendo agora requerem padrões estruturais mais simples, maleáveis, flexíveis e ágeis, novos modelos organizacionais. Nos dias atuais, a tradicional cadeia escalar está sendo gradativamente eliminada com a supressão de níveis hierárquicos intermediários, substituindo-os pelo chamado *empowerment*, que veremos no próximo capítulo, dedicado à direção/liderança. Trata-se de eliminar as barreiras verticais e horizontais do organograma clássico e encurtar as distâncias entre as pessoas, flexibilizar os órgãos da empresa, acelerar as decisões, permitir ações rápidas e, acima de tudo, permitir o maior envolvimento das pessoas e dos órgãos de base na atividade empresarial.

5. **Princípio das funções de linha e de *staff***: deve-se definir da maneira mais clara possível não só o volume de autoridade atribuído a cada pessoa ou órgão, mas também a natureza dessa autoridade. Esse princípio leva à distinção entre autoridade de linha e autoridade de *staff*, ou, melhor dizendo, as funções de linha e de *staff* dentro da empresa. As funções de linha são as atividades diretamente ligadas aos objetivos principais da empresa, enquanto as funções de *staff* são as atividades que não estão diretamente ligadas àqueles objetivos. O critério da distinção é o relacionamento direto ou indireto com os objetivos empresariais a serem alcançados. Isso não significa, em hipótese nenhuma, que as funções de linha sejam mais importantes do que as funções de *staff*, ou vice-versa, mas apenas que existem **órgãos de linha** que perseguem diretamente o alcance dos objetivos empresariais e órgãos de *staff* que os ajudam a alcançá-los.

Se o objetivo empresarial é produzir determinado produto, então o órgão de produção é considerado função de linha, enquanto os demais órgãos (vendas, finanças etc.) são considerados funções de *staff*. Se o objetivo da empresa passa a ser o de produzir e vender determinado produto, os órgãos de linha serão o de produção e o de vendas, enquanto os outros órgãos (finanças, contabilidade etc.) serão considerados funções de *staff*. Assim, as funções de linha trabalham diretamente para alcançar os objetivos principais da empresa, enquanto as funções de *staff* servem para assessorar e apoiar os órgãos de linha no alcance daqueles objetivos.

É claro que todos esses princípios tradicionais ainda são utilizados nos dias de hoje, mas com muita flexibilidade, em função dos novos tempos e das inovações que estão acontecendo com a moderna Administração.

QUESTÕES PARA REVISÃO

1. Quais são os diferentes significados da palavra **organização**?
2. Conceitue organização.
3. Quais são os objetivos da organização?
4. O que é um órgão?
5. Quais são os princípios fundamentais de organização?
6. O que significa definição funcional?
7. O que é função de *staff*?
8. O que é função de linha?
9. O que significa paridade entre autoridade e responsabilidade?

10. Explique o princípio da especialização.
11. O que é organograma?
12. Qual a utilidade do organograma?
13. O que são os terminais de comunicação?
14. O que é autoridade?
15. O que é responsabilidade?
16. O que é hierarquia?
17. O que é estrutura?
18. Conceitue estrutura formal.
19. Conceitue estrutura informal.
20. Quais são os tipos de estrutura?
21. O que é estrutura organizacional?
22. O que é estrutura linear?
23. Quais são as vantagens da estrutura linear?
24. O que é estrutura funcional?
25. Quais são as vantagens da estrutura funcional?
26. O que é estrutura linha-*staff*?
27. Quais são as vantagens da estrutura linha-*staff*?
28. Quais são os tipos de autoridade?
29. Explique a departamentalização.
30. Descreva a departamentalização por funções.
31. Descreva a departamentalização por produtos.
32. Descreva a departamentalização por localização geográfica.
33. Descreva a departamentalização por serviços.
34. Descreva a departamentalização por clientela.
35. Descreva a departamentalização por processos.
36. Descreva a departamentalização por projetos.
37. Explique a estrutura matricial.
38. Explique a estrutura em rede.

REFERÊNCIAS

1. CHIAVENATO, I. *Introdução à Teoria Geral da Administração*. 10. ed. São Paulo: Atlas, 2020.
2. CHIAVENATO, I. *Introdução à Teoria Geral da Administração*, *op. cit.*
3. CHIAVENATO, I. *Administração*: teoria, processo e prática. 6. ed. São Paulo: Atlas, 2022.
4. CHIAVENATO, I. *Administração*: teoria, processo e prática, *op. cit.*
5. CHIAVENATO, I. *Introdução à Teoria Geral da Administração*, *op. cit.*
6. CHIAVENATO, I. *Administração*: teoria, processo e prática, *op. cit.*, p. 220.
7. CHIAVENATO, I. *Administração*: teoria, processo e prática, *op. cit.*, p. 216.
8. CHIAVENATO, I. *Administração*: teoria, processo e prática, *op. cit.*, p. 222.
9. CHIAVENATO, I. *Administração*: teoria, processo e prática, *op. cit.*, p. 224.
10. CHIAVENATO, I. *Administração*: teoria, processo e prática, *op. cit.*, p. 229.
11. CHILD, J. *Organização*: princípios e prática contemporâneos. São Paulo: Saraiva, 2012. p. 288.
12. CHIAVENATO, I. *Administração*: teoria, processo e prática, *op. cit.*, p. 234.
13. CHIAVENATO, I. *Introdução à Teoria Geral da Administração*, *op. cit.*
14. PRIGOGINE, I.; STENGERS, I. *The end of Certainty*: time, chaos and the new laws of nature. Nova York: The Free Press, 1997.
15. CHIAVENATO, I. *Introdução à Teoria Geral da Administração*, *op. cit.*
16. CHIAVENATO, I. *Introdução à Teoria Geral da Administração*, *op. cit.*

6 A ABORDAGEM SISTÊMICA

O QUE VEREMOS ADIANTE

- Conceito de sistema.
- A empresa como um sistema aberto.
- Conceito de Gestão Sistêmica.
- Características da Gestão Sistêmica.
- Vantagens da abordagem Sistêmica.
- Questões para revisão.

Vimos, no primeiro capítulo deste livro, que a moderna Administração evoluiu da Administração Científica, iniciada por Taylor, e da Teoria Clássica, iniciada por Fayol para a Teoria de Sistemas. Até então, a empresa era visualizada em suas partes e não na sua totalidade. A Teoria de Sistemas nasceu na Biologia, passou para as Ciências Sociais e acabou influenciando quase todas as áreas do conhecimento humano principalmente a Administração. Hoje, a palavra **sistema** faz parte do vocabulário de quase todas as ciências. Fala-se frequentemente de sistemas: sistema solar, sistema digestivo, sistema nervoso, sistema financeiro, sistema elétrico, sistema social, sistemas de produção etc. A palavra **sistema**, contudo, tem um significado muito complexo, pois o conceito de sistema é muito abrangente.

6.1 CONCEITO DE SISTEMA

Sistema é um conjunto de partes integradas e interrelacionadas entre si para atingir determinado objetivo. Todo sistema existe para atingir um ou mais objetivos. As partes do sistema são os elementos ou órgãos componentes: são também chamadas subsistemas. Elas estão conectadas e relacionadas entre si por meio de uma rede de comunicações que proporciona a sua integração na totalidade do sistema. Falar em sistema é falar em totalidade, globalismo ou síntese, graças a essa rede integrada de comunicações. A empresa não pode ser tratada como um bloco de construção ou pelo conjunto de suas partes. Ela precisa ser tratada como um sistema integrado e único.

> **SAIBA MAIS** **Sistemas**
>
> O conceito de sistema é amplo e complexo. Existem sistemas de uma infinidade de tamanhos, naturezas e tipos. O sistema solar, o sistema financeiro nacional, o sistema habitacional, o sistema ecológico, o sistema nervoso, o sistema elétrico, são exemplos dessa enorme variedade de sistemas. Contudo, em todo sistema sobressai o conceito de holismo, ou seja, de totalidade. Um sistema é um conjunto de partes (subsistemas) que interagem entre si. O importante não é focar cada parte, mas o sistema como um todo.

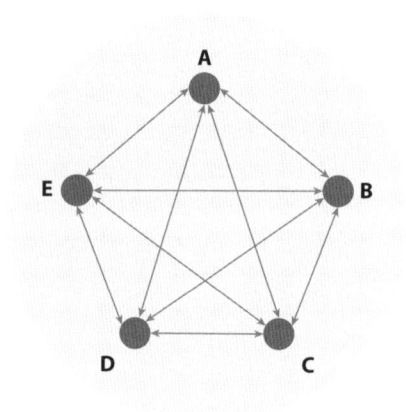

Figura 6.1 As partes de um sistema e suas relações em uma totalidade.

Se a rede de comunicações não funciona bem, as relações e as conexões entre as partes tornam-se precárias: as partes perdem o contato entre si e tendem a dispersar-se, provocando o desmanche, a desintegração e a desagregação do sistema. É o que chamamos de efeito de entropia ou efeito entrópico. A entropia significa a desagregação e a desintegração do sistema, devido à falta de amarração das partes que o compõem. A entropia está relacionada com a perda ou o desperdício de energia do sistema.

Se a rede de comunicações funciona bem, as relações e as conexões entre as partes tornam-se eficientes e estreitas: tudo o que ocorre em qualquer uma das partes é rapidamente transmitido às demais. Assim, o funcionamento perfeito da rede de comunicações é que proporciona a amarração do sistema, ou seja, o comportamento integrado e global do sistema. É o que chamamos de comportamento sistêmico. Nesse sentido, o comportamento do sistema é mais do que a soma dos comportamentos das partes. Como uma parte ajuda a outra, por meio dos relacionamentos, ocorre o efeito de sinergia ou efeito sinérgico. A **sinergia** significa uma forma de combinação das partes que provoca e produz um resultado multiplicador e potencializador. A sinergia é responsável pela aritmética sistêmica que faz com que 1 + 1 + 1 seja igual a 4 ou mais (ou menos do que 3, no caso de entropia). Um efeito de sinergia muito simples verificado há tempos na medicina é o caso da café-aspirina: o café produz um efeito sobre o organismo humano e a aspirina também; porém, quando reunidos, produzem um efeito conjunto multiplicado, porque a combinação de ambos é sinérgica. Graças à sinergia, o sistema apresenta características que não são notadas em suas partes componentes. Um exemplo clássico é a água, cujas características são totalmente diferentes do hidrogênio e do oxigênio que a compõem.

Como a empresa constitui um sistema, é necessário eliminar a entropia e incentivar a sinergia entre as partes componentes.

Convém lembrar que todo sistema (que é composto de vários subsistemas) faz parte de outro sistema maior (suprassistema), que constitui seu ambiente externo, e assim por diante. Assim, na Figura 6.2, **A** é subsistema de **B**, que é subsistema de **C**, e assim por diante, até chegar ao suprassistema **G**. Cada sistema está contido em um sistema maior.

> Aumente seus conhecimentos sobre **Sistema do corpo humano × sistemas organizacionais** na seção *Saiba mais IAD 6.1*

Assim, o sistema funciona como um todo: essa totalidade e integridade é que proporcionam a característica do comportamento sistêmico. Para funcionar, todo sistema precisa dos seguintes componentes:

- **Entradas ou insumos** (*inputs*): é tudo o que o sistema importa do meio ambiente externo para dentro de si. As entradas ou insumos podem ser recursos materiais, energia ou informação para que o sistema possa funcionar. O organismo humano também necessita de insumos como alimentos, água, ar, informação a respeito do ambiente etc.

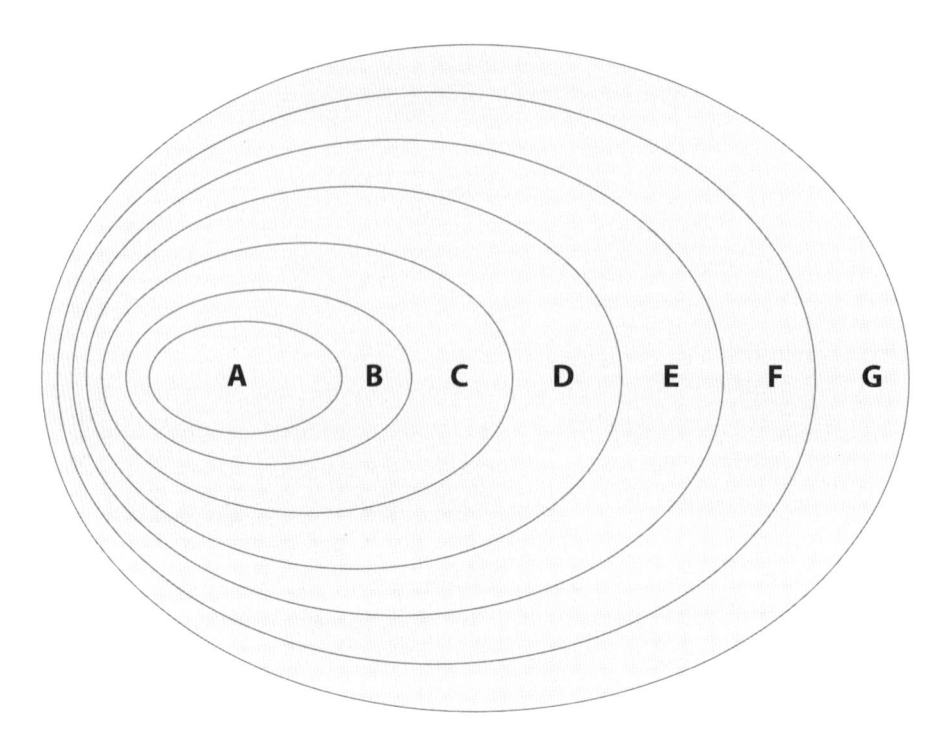

Figura 6.2 O envolvimento entre suprassistemas, sistemas e subsistemas.

- **Operações ou processamento**: todo sistema processa ou transforma as entradas e produz saídas. Cada entrada ou insumo é processada ou transformada por um subsistema específico. No organismo humano, a alimentação é processada pelo sistema digestivo, o oxigênio do ar pelo sistema respiratório, as informações pela visão, pela audição, pelo tato etc.
- **Saídas ou resultados (*outputs*)**: é tudo o que o sistema exporta para o meio ambiente externo. Os insumos processados são transformados em saídas, produtos ou resultados, que são devolvidos ao meio ambiente. No organismo humano, os dejetos e o gás carbônico são devolvidos ao meio ambiente, enquanto as informações resultam em comportamentos em reação aos eventos ambientais.
- **Retroação ou realimentação**: ou *feedback*. É a reentrada ou retorno de parte da saída que influencia a entrada e, portanto, o funcionamento do sistema. A retroação é positiva quando a saída provoca o aumento da entrada para balancear o sistema. Por outro lado, a retroação é negativa quando a saída inibe a entrada, reduzindo-a para manter o sistema em equilíbrio. O comportamento do sistema sofre retroação positiva ou negativa quando tenta adequar-se às diferentes condições do meio ambiente à medida que este oscila. "Andar na corda bamba" é um bom exemplo de retroação. Andar com os olhos vendados é um bom exemplo de falta de retroação.

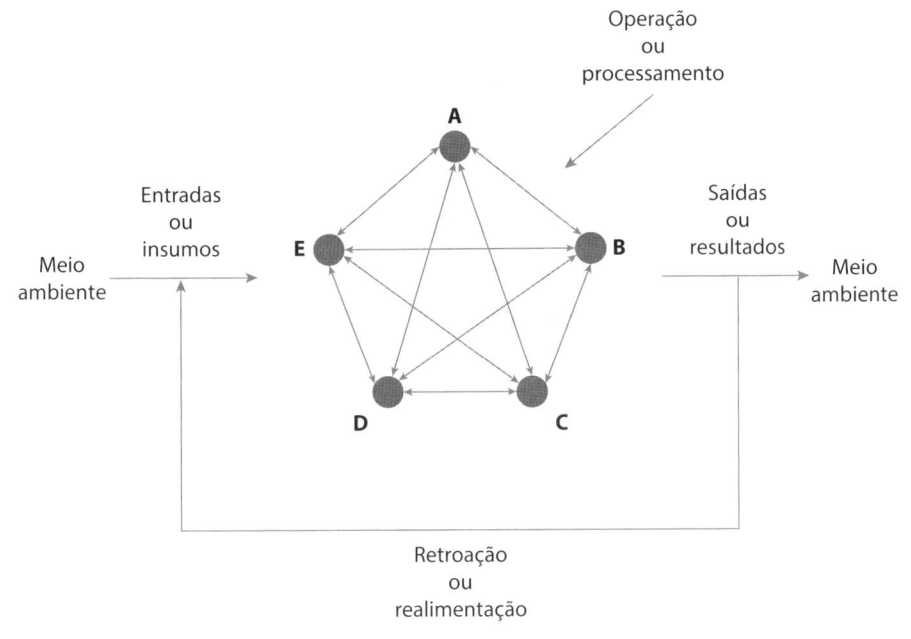

Figura 6.3 O sistema e suas entradas e saídas.

> Aumente seus conhecimentos sobre **Sistemas abertos e sistemas fechados** na seção *Saiba mais IAD 6.2*

Os sistemas podem ser classificados da seguinte maneira:[1]

- Quanto ao seu relacionamento com o meio ambiente externo, em:
  - **Sistemas abertos**: quando têm um intercâmbio muito grande com o meio ambiente externo, por meio de muitas entradas e muitas saídas. São os sistemas orgânicos ou vivos, como as empresas, as pessoas e todos os seres vivos. Seu funcionamento é probabilístico.
  - **Sistemas fechados**: quando o intercâmbio com o meio ambiente externo é restrito a entradas e saídas limitadas e previsíveis. São os sistemas mecânicos, como as máquinas e os equipamentos, cujo funcionamento é determinístico e previsível.
- Quanto ao seu conteúdo, em:
  - **Sistemas concretos ou físicos**: também denominados hardware, são os sistemas compostos de partes físicas e concretas, como máquinas, equipamentos, circuitos, instalações, mesas, cadeiras etc.

- **Sistemas abstratos ou conceituais**: também denominados *software*, são os sistemas compostos de partes abstratas e conceituais, como políticas, diretrizes, procedimentos, programas, normas, regulamentos, conhecimentos etc.

Uma escola, por exemplo, tem o seu *hardware* (edifícios, instalações, salas, mesas, carteiras, lousas, iluminação etc.) e o seu *software* (regulamentos, disciplina, programa curricular, ensino propriamente dito, avaliação do aproveitamento escolar por meio de provas, exames e trabalhos de classe etc.). Para funcionar, a escola precisa desses dois tipos de sistemas.

O conceito de sistema, além de complexo, pode ser aplicado a qualquer área do conhecimento humano. Muito interessante é a sua aplicação no campo da administração de empresas.

6.2 A EMPRESA COMO UM SISTEMA ABERTO

A aplicação do conceito de sistema na Administração e nas empresas é recente, data da década de 1960. Ao se verificar que todo sistema é composto de subsistemas (os quais também podem ser decompostos em outros subsistemas, e assim por diante) e que faz parte de um sistema maior (suprassistema), logo ocorreu a ideia de conceber a empresa como um sistema. A empresa é um sistema aberto, em constante intercâmbio com o meio ambiente externo que a envolve e do qual faz parte. É no meio ambiente que a empresa vai buscar os insumos (*inputs*) necessários ao seu funcionamento, que são os recursos materiais, financeiros, humanos etc. E é no meio ambiente que a empresa vai colocar o resultado (*outputs*) de suas operações, ou seja, os seus produtos ou serviços. À medida que a empresa funciona como um sistema aberto, o nível de saídas (resultados) influencia por retroação (positiva ou negativa) o nível de entradas, para equilibrar o funcionamento do sistema: se o nível de saída aumenta, ele vai retroinfluenciar o nível de entradas, aumentando-o para equilibrá-lo no mesmo nível; se o nível de saída diminui, ele vai retroinfluenciar a entrada, diminuindo-a, para equilibrá-la no mesmo nível. A retroação (*feedback*) visa equilibrar o funcionamento do sistema, no sentido de balancear e equilibrar as entradas com as saídas.

A visão da empresa como um sistema permite uma ideia abrangente, global e totalizante da empresa, bem como suas relações de intercâmbio com o meio ambiente que a envolve.

6.3 CONCEITO DE GESTÃO SISTÊMICA

A Gestão Sistêmica é o processo administrativo de reunir ou combinar todas as partes integrantes de um sistema global para alcançar determinados objetivos.

Na **Gestão Sistêmica**, o todo tem prevalência sobre as partes, isto é, as partes devem estar intimamente relacionadas entre si, por meio de suas respectivas entradas e saídas (formando uma forte rede de comunicações), visando ao objetivo maior do sistema. Na realidade, a **Gestão Sistêmica** procura fazer com que todos os órgãos da empresa trabalhem em conjunto para obter efeitos de sinergia.

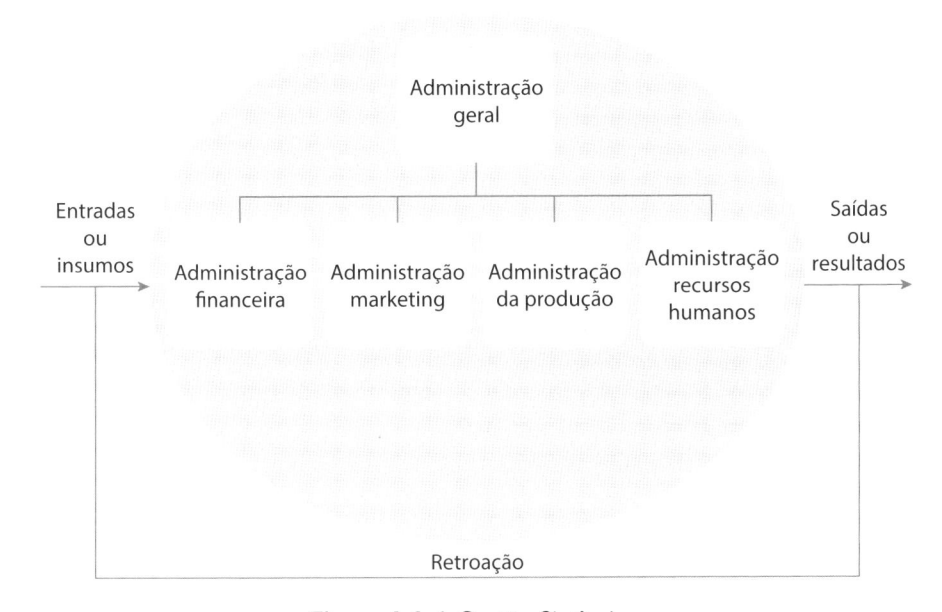

Figura 6.4 A Gestão Sistêmica.

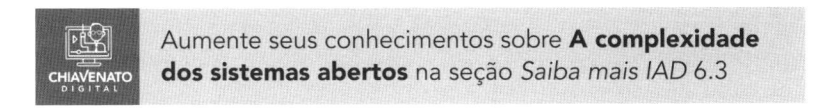

Aumente seus conhecimentos sobre **A complexidade dos sistemas abertos** na seção *Saiba mais IAD 6.3*

6.4 CARACTERÍSTICAS DA ABORDAGEM SISTÊMICA

A abordagem sistêmica apresenta as seguintes características:

- **Visão sistêmica ou holística**: é a abordagem total e integrada da empresa, isto é, a visão do conjunto. É ver o bosque e não apenas as árvores que o constituem. Os órgãos são os subsistemas que devem ser integrados entre si para o pleno alcance dos objetivos empresariais.
- **Rede de comunicações**: a abordagem sistêmica privilegia a conexão entre os órgãos ou pessoas da empresa. A busca da integração e do intercâmbio internos e a preocupação com a sinergia decorrem dessa primeira característica.

- **Juntar e não separar**: a estrutura organizacional, os níveis hierárquicos e os limites entre os diferentes órgãos da empresa tornam-se secundários, pois a Gestão Sistêmica procura reduzir as separações e aumentar os contatos entre as diferentes partes da empresa. A Gestão Sistêmica está mais preocupada em juntar do que em separar as coisas.
- **Importância dada à informação, aos meios de processamento de dados e informações e às comunicações dentro da empresa**: a informação e a sua comunicação para todos os membros tornam-se o principal recurso da empresa, principalmente em um mundo globalizado em que a competitividade, a qualidade e a produtividade são as principais armas.
- **Aplicação genérica**: a Gestão Sistêmica pode ser aplicada a qualquer tipo ou tamanho de empresa. O que importa é a abordagem, isto é, a maneira de ver e de conceber a empresa como um sistema.

Daí a necessidade de uma visão sintética e total da empresa a fim de integrar e coordenar todas as suas atividades internas, sem esquecer o meio ambiente, o mercado, a concorrência acirrada, a conjuntura econômica, a globalização etc.

6.5 VANTAGENS DA ABORDAGEM SISTÊMICA

A abordagem sistêmica permite as seguintes vantagens:
- Compreensão dos fatores críticos de sucesso que incrementam a vantagem competitiva da empresa.
- Ênfase na missão organizacional, na visão de futuro, nos objetivos e nos valores da empresa.
- Introdução de uma amplitude de novas habilidades, competências e abordagens.
- Foco no comportamento da empresa ao enfrentar obstáculos, barreiras e restrições.
- Estabelecimento de relacionamentos capazes de incrementar a comunicação dentro e fora da empresa.
- Utilização de uma ampla variedade de ferramentas, técnicas e processos dentro da empresa.
- Identificação de prioridades-chave e de meios para atendê-las.

Tudo isso não é suficiente? Nem sempre. E esse é o encanto da Administração. As empresas estão continua e permanentemente se defrontando com situações mutáveis e inesperadas que o meio ambiente lhes apresenta.

A atuação das empresas concorrentes no mercado dinâmico e globalizado, as mudanças de hábitos dos clientes e consumidores, o impetuoso desenvolvimento tecnológico, as variações na conjuntura econômica, tudo isso e muito mais deve ser devidamente percebido e entendido para que a empresa possa aproveitar as oportunidades e desviar-se das ameaças e das contingências que surgem a cada momento. Essa perceptibilidade das nuances do ambiente é fundamental para a construção de vantagens competitivas que levam a empresa rumo ao sucesso.

QUESTÕES PARA REVISÃO

1. Qual é a origem da Teoria de Sistemas?
2. Conceitue sistema.
3. O que é rede de comunicações de um sistema?
4. O que é entrada?
5. O que é saída?
6. O que é retroação?
7. O que é entropia?
8. O que é sinergia?
9. Quais são os tipos de sistemas quanto ao seu conteúdo?
10. Classifique os sistemas quanto ao seu relacionamento com o meio ambiente.
11. O que é um sistema fechado?
12. O que é um sistema aberto?
13. O que é um sistema físico ou concreto?
14. O que é um sistema abstrato ou conceitual?
15. O que é *software* e o que é *hardware*?
16. O que é um subsistema?
17. O que é um suprassistema?
18. Conceitue a empresa como um sistema.
19. Quais são as entradas e as saídas da empresa como um sistema?
20. Conceitue a Gestão Sistêmica.
21. Quais são as principais características da Gestão Sistêmica?
22. A Gestão Sistêmica é aplicável somente às grandes empresas?
23. Qual é o papel das redes de comunicações na Gestão Sistêmica?

REFERÊNCIA

1. CHIAVENATO, I. *Introdução à Teoria Geral da Administração*. 10. ed. São Paulo: Atlas, 2020.

7 DIREÇÃO/LIDERANÇA

O QUE VEREMOS ADIANTE

- Conceito de direção.
- Conceito de liderança.
- Teoria X e Teoria Y.
- Sistemas de administração das organizações.
- Níveis de direção/liderança.
- Comunicação.
- Motivação.
- *Empowerment*.
- Instruções.
- Meios de liderança.
- Princípios tradicionais de direção/liderança.
- Questões para revisão.

Para funcionar e operar adequadamente, toda organização precisa ser dirigida e liderada em direção aos seus objetivos. Em outros termos, ela precisa ser governada e orientada para os objetivos pretendidos como uma entidade integrada e coesa. Sem a direção e a liderança, a organização fica à deriva, sem rumo certo, ao sabor dos ventos e dos acontecimentos. A direção e a liderança estão diretamente relacionadas com a maneira pela qual o objetivo deve ser alcançado por meio das atividades que devem ser realizadas com a utilização adequada dos recursos e competências disponíveis. Estabelecidos os objetivos, definido o planejamento, organizada a estrutura do empreendimento, cabe à direção e liderança fazer as coisas acontecerem. Assim, ambas constituem os elementos ativadores e impulsionadores de todo o sistema, aqueles que orientam e direcionam os esforços. Assim, recursos são direcionados enquanto pessoas são lideradas. Por quê?

Simples: recursos são inertes, sem vida própria, uniformes, estáticos e devem ser planejados, organizados, dirigidos e controlados. Pessoas, não. Elas têm vida própria, são inteligentes, ativas e proativas, têm talentos e competências, motivações e impulsos. Elas não devem ser administradas, e sim engajadas, empoderadas e lideradas para criarem e agregarem valor àquilo que fazem. Essa é a diferença. Assim, todo trabalho sobre recursos ou coisas deve ser dirigido, enquanto todo trabalho por pessoas deve ser liderado, para o alcance dos objetivos. Se as pessoas que trabalham em uma organização não conhecem os objetivos que elas devem alcançar, os seus esforços serão feitos ao acaso. De um modo geral, se os recursos (coisas) e as competências (pessoas) disponíveis não são plenamente utilizados, a organização está perdendo tempo, esforços e dinheiro. A Administração baseia-se no trabalho de muitas pessoas em conjunto e torna-se necessário orientar o comportamento delas, integrá-las e liderá-las rumo aos objetivos organizacionais. Isso pressupõe a aplicação de modelos de gestão, liderança, comunicação, motivação e solução de conflitos que normalmente aparecem no meio do caminho. Esses constituem os principais aspectos do comportamento do administrador.

```
                    Planejamento
                   ↗          ↖
                  ↙            ↘
   Controle   Direção/liderança   Organização
              • Liderar as pessoas
              • Comunicar amplamente
              • Motivar as pessoas
              • Resolver conflitos
              • Orientar as pessoas
              • Decidir continuamente
              • Enfatizar a missão
                organizacional
              • Enfatizar a visão de futuro
```

Figura 7.1 A direção/liderança como terceira etapa do processo administrativo.[1]

O administrador não trabalha sozinho. E nem é o executor de tarefas ou de atividades rotineiras ou cotidianas. Administrar é uma atividade eminentemente social e organizacional. Significa fazer com que as pessoas alcancem, por meio de suas atividades, os objetivos organizacionais da melhor maneira possível. Assim, cada administrador alcança objetivos da organização por meio de uma equipe de pessoas. Por meio de sua equipe de pessoas é que o administrador oferece resultados à organização. Assim, a atividade de direção/liderança é fundamental para o sucesso do administrador e, no conjunto, para o sucesso da organização.

7.1 CONCEITO DE DIREÇÃO

A direção constitui a terceira etapa do processo administrativo, após o planejamento e a organização. Enquanto o planejamento e a organização são etapas anteriores à execução dos trabalhos, a direção é a etapa concomitante ou simultânea. Direção é a função administrativa que conduz e coordena o pessoal na execução das atividades planejadas e organizadas para o alcance dos objetivos pretendidos. Significa orientar e coordenar o trabalho dos subordinados. No fundo, dirigir significa interpretar os objetivos e os planos da empresa para as pessoas e proporcionar as instruções sobre como executá-los. Trata-se de atuar diretamente sobre pessoas para conseguir que executem suas atividades dentro do que foi previamente planejado e organizado.[2]

> Aumente seus conhecimentos sobre **Como os autores definem direção e liderança** na seção *Saiba mais IAD 7.1*

A importância da direção está em que de nada adianta um bom planejamento e uma boa organização se as pessoas trabalham sem orientação e coordenação adequadas. Daí a direção ser considerada a mais importante das funções administrativas, a essência do trabalho do administrador.

Todavia, recentemente está ocorrendo uma forte mudança no entendimento da direção. Ela está sendo endereçada principalmente aos aspectos físicos e aos materiais do negócio da empresa relacionados com seus aspectos financeiros, mercadológicos e até mesmo operacionais. Em termos práticos, a direção se refere aos processos, métodos, metas e objetivos, produtos, serviços, às coisas, enfim. Contudo, pessoas precisam ser engajadas, encantadas, empoderadas, impulsionadas e lideradas, e não apenas dirigidas, pois elas são inteligentes, verdadeiros talentos, competentes, empreendedoras, ativas e proativas. Com todas essas qualidades distintivas, elas não podem mais ser tratadas de modo passivo e dependente, como coisas ou meros recursos organizacionais, como se fazia antigamente. Por essa razão, estamos falando também de liderança. Ao se tocar na direção, o conceito de liderança assume uma propriedade especial.

7.2 CONCEITO DE LIDERANÇA

Vimos a diferença entre direção e liderança. A direção trata de coisas, quase sempre padronizadas, estáticas, como *commodities*. Já a liderança é o meio de dirigir as pessoas nas empresas. Acontece que liderar as pessoas inclui muitos aspectos nessa condução humana: é preciso saber comunicar, orientar, impulsionar, motivar, educar, ensinar. Esses são aspectos na liderança das pessoas e que não existem na direção de recursos ou de coisas inertes, estáticas e sem vida própria. Liderança é algo humano, social, vital e diferenciado no trato e na condução das pessoas.

Não se deve confundir liderança com direção. Para fazer uma organização, produzir resultados incríveis, o executivo deve desempenhar funções ativadoras e orientadoras. E a liderança é a ferramenta mais adequada para isso. Ela é necessária em todos os tipos de organização humana, principalmente nas empresas e em cada uma de suas unidades ou equipes. E é igualmente essencial em todas as funções administrativas, como planejamento, organização, direção e controle. Contudo, é mais imprescindível na função de direção – aquela que toca mais de perto as pessoas. Além do mais, o executivo pode ser um bom líder quanto às pessoas e não ser um bom diretor em outros aspectos do negócio da organização, e vice-versa. O ideal seria ser excelente em ambos os aspectos: o humano e o empresarial.

> **SAIBA MAIS** — **Liderança**
>
> Assim como Moisés conseguiu conduzir o seu povo desde o Egito até a Terra Prometida, toda organização precisa ser conduzida rumo aos seus objetivos finais. E, de lambuja, garantir a sua sobrevivência, conquistar sucesso, crescer, oferecer valor ao cliente e ao mercado, criar vantagens competitivas e consequente lucratividade e sustentabilidade. O administrador funciona como um guia capaz de levar a organização como um todo à sua missão e à sua visão de futuro por meio das pessoas que a constituem. Daí a necessidade de liderança: influenciar o comportamento de todos, incrementar a solidariedade interna e o espírito de equipe, intensificar o desenvolvimento das pessoas, orientar o seu comportamento, abrir portas e horizontes a desbravar e os objetivos a alcançar. Isso significa mudar as organizações e mudar o mundo para melhor! Sempre! Esse é o principal papel do administrador: liderar pessoas e conduzir organizações, projetando-as para o futuro.

7.3 TEORIA X E TEORIA Y

McGregor tornou-se um dos autores mais populares em Administração ao mostrar claramente as duas teorias de concepções opostas entre si a respeito da Administração:[3]

- **Teoria X**: corresponde à velha e tradicional concepção de Administração que se baseava em concepções errôneas e incorretas a respeito da natureza das pessoas, tais como:
    - As pessoas são preguiçosas e indolentes, evitam o trabalho e só o fazem em troca de recompensas salariais.
    - As pessoas não gostam de assumir responsabilidades, preferem ser dirigidas e sentem-se seguras nessa dependência.
    - As pessoas resistem às mudanças, pois procuram segurança e não gostam de assumir possíveis riscos que as ponham em perigo.
    - Em função de sua dependência, as pessoas precisam ser dirigidas e controladas pela Administração.
- **Teoria Y**: corresponde à moderna e atual concepção de Administração, que se baseia em concepções a respeito da natureza das pessoas, tais como:
    - As pessoas têm iniciativa própria e procuram o trabalho, que pode ser uma valiosa fonte de satisfação e de recompensa.
    - As pessoas têm motivação própria, potencial de desenvolvimento e capacidade para assumir maiores responsabilidades.
    - As pessoas têm elevado grau de imaginação e criatividade, e as empresas apenas utilizam uma parte da potencialidade delas.
    - As pessoas podem ser autodirigidas e autocontroladas se a empresa souber lidar adequadamente com elas.

Em função dessas diferentes concepções a respeito da natureza humana, a administração pode ser feita da seguinte maneira:[4]

- **Administração segundo a Teoria X**: constitui um processo rígido de controle e fiscalização das pessoas por meio de rotinas, métodos e procedimentos de trabalho, regulamentos internos e medidas disciplinares para garantir a sua obediência. Tudo isso é percebido pelas pessoas dentro de um clima de desconfiança e apatia. Assim:
    - A administração é responsável pela organização dos recursos organizacionais (dinheiro, materiais, equipamentos, recursos humanos) no interesse exclusivo de seus objetivos econômicos.

- A administração é um processo de dirigir os esforços das pessoas, controlar suas ações e modificar seu comportamento para atender essencialmente às necessidades da empresa.
- As pessoas devem ser persuadidas, recompensadas, punidas, coagidas e controladas. As suas atividades devem ser padronizadas e dirigidas exclusivamente em função dos objetivos empresariais.
- Como as pessoas são basicamente motivadas por incentivos econômicos (salários), a Administração deve utilizar a remuneração como um meio de recompensa (para o bom trabalhador) ou de punição (para o empregado que não se dedica suficientemente à execução de sua tarefa).

■ **Administração segundo a Teoria Y**: constitui um processo aberto e dinâmico de criar oportunidades, liberar potenciais para incrementar o desenvolvimento das pessoas e criar um clima interno de participação, envolvimento, engajamento e confiança. Isso envolve descentralização das decisões e delegação de responsabilidades, participação nas decisões, consulta a respeito de opiniões e incentivo à contribuição das pessoas. Assim:
- A Administração deve proporcionar condições para que as pessoas reconheçam e desenvolvam por si mesmas a motivação e seu potencial de desenvolvimento, assumindo maiores responsabilidades.
- A tarefa essencial da Administração é criar condições organizacionais e métodos adequados de trabalho por meio dos quais as pessoas possam atingir melhor seus objetivos pessoais, dirigindo, consequentemente, seus próprios esforços também em direção aos objetivos da empresa.

Com uma rapidez incrível, a Teoria Y substituiu a velha e antiquada Teoria X por meio de um estilo de direção baseado em medidas que motivam e impulsionam as pessoas. A Teoria Y parte do princípio de que toda empresa é, no fundo, constituída de pessoas que decidem e cuidam dos recursos empresariais e que trazem a inteligência, a criatividade e a inovação ao negócio da empresa. Sem o engajamento e o comprometimento das pessoas, a empresa perde fatalmente seu dinamismo e sua racionalidade com relação aos seus objetivos. O administrador deve assegurar que sua empresa utilize os princípios básicos da Teoria Y.

7.4 SISTEMAS DE ADMINISTRAÇÃO DAS ORGANIZAÇÕES

Para analisar e comparar as maneiras por meio das quais as organizações administram seus participantes, Likert adotou um modelo comparativo ao qual deu o nome de sistemas de administração.[5] A ação administrativa pode assumir diferentes características dependendo de certas condições internas e externas. Isso significa que a ação administrativa nunca é igual em todas as organizações, pois varia de acordo com um infindável conjunto de variáveis. Assim, não existem políticas de administração válidas para todas as situações e ocasiões possíveis.

O modelo de Likert usa uma metodologia comparativa composta de quatro variáveis organizacionais:[6]

1. **Processo decisório**: define como são tomadas as decisões na organização e quem as toma. Se as decisões são centralizadas ou descentralizadas, concentradas no topo da hierarquia ou dispersas pela periferia da organização.
2. **Sistema de comunicações**: define como as comunicações são transmitidas e recebidas dentro da organização. Se o fluxo das informações é vertical e descendente, se é vertical e com dupla mão de direção, ou se é também horizontal.
3. **Relacionamento interpessoal**: define como as pessoas se relacionam entre si na organização e qual o grau de liberdade nesse relacionamento humano. Se as pessoas trabalham isoladas ou em equipes de trabalho por meio de intensa interação humana.
4. **Sistemas de recompensas e punições**: define como a organização motiva as pessoas a se comportarem de certa maneira e se essa motivação é positiva e incentivadora ou restritiva e inibidora.

As quatro variáveis se apresentam de maneiras diferentes em cada organização. No seu conjunto, podem constituir quatro alternativas que recebem o nome de sistemas administrativos:

1. **Sistema 1 – autoritário-coercitivo**: é um sistema administrativo autocrático e forte, centralizado, coercitivo, arbitrário e que controla rigidamente tudo o que ocorre dentro da organização. É o sistema mais duro e fechado. Ocorre em prisões e penitenciárias em geral.
2. **Sistema 2 – autoritário-benevolente**: é um sistema administrativo autoritário, porém menos duro e menos fechado do que o sistema 1. Na verdade, é uma variação do sistema 1, mais condescendente e menos rígida. Ocorre nos níveis mais baixos de organizações do tipo extrativo ou que envolvem periculosidade e exigências de controle sobre o comportamento das pessoas, ou, ainda, em fábricas do tipo tradicional.
3. **Sistema 3 – consultivo**: é um sistema administrativo que balança mais para o lado participativo do que para o lado autocrático, impositivo e coercitivo. Representa um gradativo abrandamento da arbitrariedade organizacional. Ocorre em escritórios de fábricas em que os participantes têm de trabalhar sob relativo grau de controle externo.

Quadro 7.1 Os quatro sistemas administrativos segundo Likert[7]

Variáveis comparativas	Sistema 1 autocrático-coercitivo	Sistema 2 autocrático-benevolente	Sistema 3 consultivo	Sistema 4 participativo
Processo decisório	Totalmente centralizado na cúpula da organização, que monopoliza todas as decisões	Centralização na cúpula, permitindo pequena delegação de decisões simples e rotineiras	Baseado em consulta aos níveis inferiores, permitindo alguma delegação e participação das pessoas	Totalmente delegado e descentralizado. A cúpula define objetivos e controla resultados
Sistema de comunicações	Precário, somente comunicações verticais descendentes carregando ordens	Relativamente precário, prevalecendo comunicações verticais descendentes sobre as ascendentes	O fluxo das comunicações verticais (ascendentes e desdentes) e horizontais é facilitado	As comunicações são vitais para o sucesso do negócio. A informação é totalmente compartilhada
Relações interpessoais	Desconfiança quanto a contatos entre pessoas. A organização informal é vedada e considerada prejudicial. Os cargos confinam as pessoas	São toleradas com alguma condescendência. A organização informal é incipiente e considerada uma ameaça à organização	Relativa confiança é depositada nas pessoas. A empresa incentiva a organização informal. Existe o trabalho em equipe ou em grupos esporádicos	Trabalho realizado em equipes. Formação de grupos informais é importante. Confiança mútua, participação e envolvimento grupal
Sistema de recompensas e punições	Ênfase nas punições e medidas disciplinares. Obediência estrita aos regulamentos internos. Raras recompensas de cunho material	Ênfase nas punições e nas medidas disciplinares com menor arbitrariedade. Recompensas salariais mais frequentes. Recompensas sociais raras	Ênfase nas recompensas materiais (principalmente salariais). Recompensas sociais são ocasionais. Raras punições ou castigos	Ênfase nas recompensas sociais. Recompensas materiais e salariais são frequentes. Punições são raras, e quando ocorrem, são decididas pelos grupos

4. **Sistema 4 – participativo**: é o sistema administrativo democrático e participativo. É o mais aberto de todos os sistemas. Ocorre em organizações mais desenvolvidas e que imprimem liberdade e autonomia às pessoas.

O Quadro 7.1 apresenta uma ideia resumida das características principais de cada sistema administrativo.

Os quatro sistemas administrativos não são discretos, tampouco descontínuos. Suas fronteiras não são distintas e entre eles existem variações intermediárias. À medida que se aproxima do sistema 1, tende-se a uma administração do tipo tradicional, fechada, burocratizada, impessoal e autocrática. A aproximação ao sistema 4 conduz a uma administração do tipo aberta, orgânica, participativa e democrática. O desafio do administrador é conduzir sua organização para um sistema 4.

7.5 NÍVEIS DE DIREÇÃO/LIDERANÇA

A direção/liderança é uma função de todo administrador em qualquer nível organizacional em que se encontre. Ele lidera pessoas, decide sobre recursos, cria e desenvolve competências e assegura o cumprimento dos objetivos da sua organização. Dirigir/liderar é, portanto, a essência da atividade do administrador. Como o aparato administrativo da organização se compõe geralmente de vários níveis organizacionais, a direção/liderança se apresenta em três níveis:

1. **Nível institucional ou estratégico**: é a direção/liderança propriamente dita que ocorre entre presidente e diretores da organização.
2. **Nível intermediário ou tático**: aqui a direção/liderança é denominada gerência e ocorre entre os gerentes ao nível departamental da organização.
3. **Nível operacional**: nesse nível, a direção/liderança é denominada supervisão e cuida da execução das atividades e das tarefas por meio dos funcionários ou colaboradores não administrativos da organização.

7.6 COMUNICAÇÃO

A comunicação na empresa constitui um dos maiores desafios ao administrador como líder de equipes de pessoas. Para muitas empresas, a comunicação representa o recurso mais importante no alcance de seus objetivos. Se as pessoas não sabem quais são os objetivos da empresa e como contribuir para o seu alcance, torna-se difícil que possam trabalhar em conjunto para alcançá-los da melhor maneira possível. Para que as pessoas possam saber o que fazer, para que fazer e onde precisam chegar, torna-se indispensável que elas recebam adequada comunicação a respeito de todas essas questões.

Comunicação é o processo de transmissão de informação e compreensão de uma pessoa para outra. Toda comunicação envolve sempre duas ou mais pessoas, pois é um processo de interação. A comunicação realiza uma ponte de significados entre duas ou mais pessoas. Assim, comunicar não é somente transmitir uma mensagem. É, principalmente, fazer que a mensagem seja recebida e corretamente compreendida pela outra pessoa. Se não houver essa compreensão de significado, não ocorre a comunicação. Se uma pessoa transmite uma mensagem e esta não for compreendida pela outra pessoa, a comunicação não se efetivou.

O processo de comunicação é composto de cinco etapas distintas, mas intimamente interligadas:[8]

1. **Emissor**: é a pessoa que pretende comunicar uma mensagem. Pode ser chamada de fonte ou de origem. É o professor que pretende ensinar aos alunos ou a pessoa que quer falar ao telefone para transmitir algum significado ou notícia.

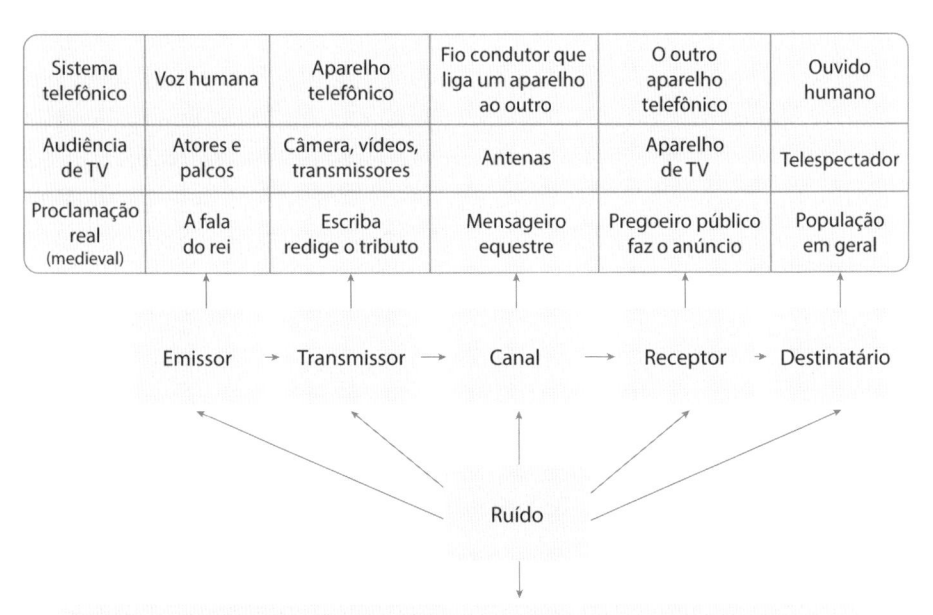

Emissor	Transmissor	Canal	Receptor	Destinatário
Sistema telefônico	Voz humana	Aparelho telefônico	Fio condutor que liga um aparelho ao outro	O outro aparelho telefônico	Ouvido humano
Audiência de TV	Atores e palcos	Câmera, vídeos, transmissores	Antenas	Aparelho de TV	Telespectador
Proclamação real (medieval)	A fala do rei	Escriba redige o tributo	Mensageiro equestre	Pregoeiro público faz o anúncio	População em geral

Ruído

Ruído no sistema telefônico: estática, linhas cruzadas, interferências, barulhos
Ruído na audiência de TV: barulhos ao redor, falhas de aparelhos, circuitos defeituosos
Ruído na proclamação real: tentação do mensageiro em tomar cerveja na estalagem

Figura 7.2 O processo de comunicação.

2. **Transmissor**: é a etapa que codifica a mensagem e a transmite para que o emissor possa enviá-la ao destinatário. A voz do professor, a voz humana em língua portuguesa, o telefone da pessoa que está comunicando a mensagem são exemplos de transmissores.
3. **Canal**: é o espaço situado entre o emissor e o destinatário. A sala de aula, a sala onde as pessoas se encontram, a central telefônica e todos os cabos que interligam telefones são canais de comunicação.
4. **Receptor**: é a etapa que recebe a mensagem e a decodifica para que o destinatário a compreenda. O ouvido do aluno ou da outra pessoa, o telefone da pessoa que recebe a mensagem são os receptores da comunicação.
5. **Destinatário**: é a pessoa a quem a mensagem é destinada. Constitui o ponto final do processo de comunicação, ou seja, o ponto de chegada da mensagem. Os alunos da classe, a outra pessoa que está ouvindo no telefone são os destinatários da comunicação.

O processo de comunicação nunca é perfeito. Na sequência de suas etapas sempre ocorrem perturbações e influências internas e externas que prejudicam o processo. Essas perturbações são denominadas ruídos. Ruído é uma perturbação indesejável em qualquer uma das etapas do processo citado, que pode provocar perdas ou desvios na mensagem. Por exemplo: uma classe barulhenta, um emissor que fala mal a língua portuguesa ou tem problemas de prolação, um telefone com linhas cruzadas etc. O ruído é geralmente uma perturbação dentro do próprio processo, isto é, uma perturbação inerente ao processo de comunicação. O ruído pode estar no emissor (sono, pressa, desconhecimento do assunto ou do idioma, desinteresse), no transmissor (gagueira, dificuldade de prolação), no canal (barulho, distância, barreiras), no receptor (cegueira ou surdez da pessoa, desconhecimento do assunto ou do idioma) ou no destinatário (falta de atenção, sono, pressa, desinteresse). Todavia, ocorrem outras perturbações de origem externa ao processo, como a interferência. Interferência é uma perturbação externa que interfere no processo de comunicação, provocando distorções ou distúrbios. É o caso de muito barulho devido à proximidade de outras pessoas, intempéries ou trovoadas que interferem no sistema telefônico ou na recepção da televisão etc.

Isso significa que nem sempre aquilo que o emissor pretende comunicar é exatamente aquilo que o destinatário interpreta e compreende. E é esse o desafio das comunicações nas empresas e na nossa vida diária. Além dos desvios, das distorções e das perdas a que nos referimos, as comunicações podem sofrer acréscimos ou adaptações indevidas, como é o caso do boato.

```
Entrada  →  Variáveis intervenientes  →  Saída
```

Barreira à comunicação

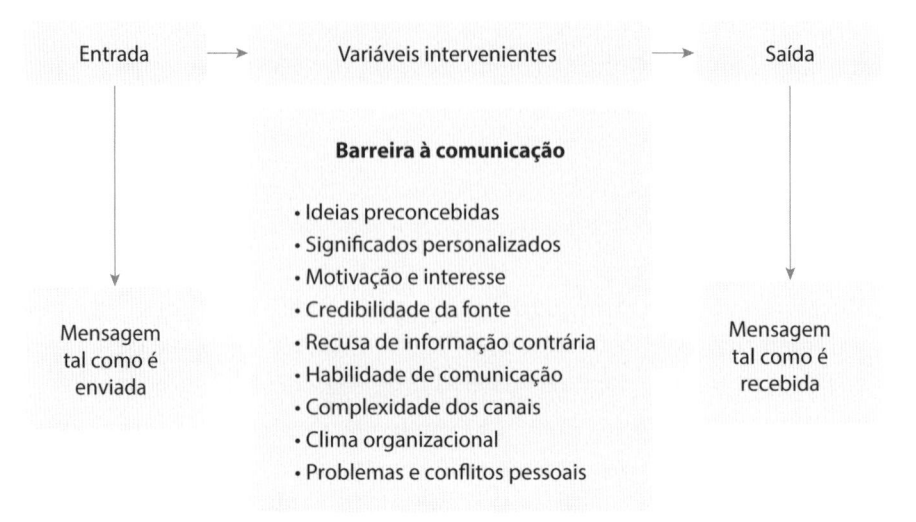

- Ideias preconcebidas
- Significados personalizados
- Motivação e interesse
- Credibilidade da fonte
- Recusa de informação contrária
- Habilidade de comunicação
- Complexidade dos canais
- Clima organizacional
- Problemas e conflitos pessoais

Mensagem tal como é enviada → → Mensagem tal como é recebida

Figura 7.3 As barreiras à comunicação.[9]

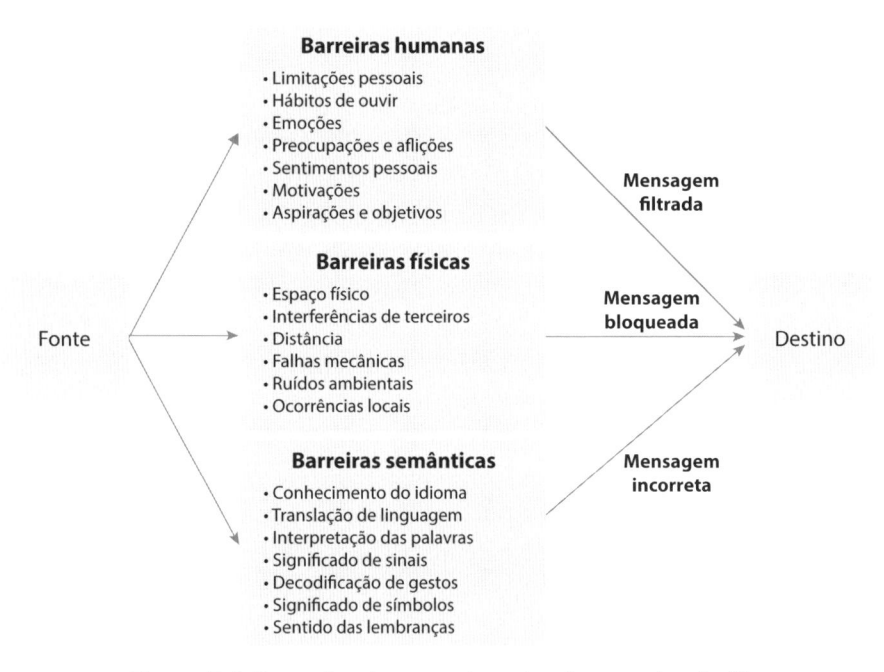

Barreiras humanas
- Limitações pessoais
- Hábitos de ouvir
- Emoções
- Preocupações e aflições
- Sentimentos pessoais
- Motivações
- Aspirações e objetivos

→ Mensagem filtrada

Barreiras físicas
- Espaço físico
- Interferências de terceiros
- Distância
- Falhas mecânicas
- Ruídos ambientais
- Ocorrências locais

→ Mensagem bloqueada

Barreiras semânticas
- Conhecimento do idioma
- Translação de linguagem
- Interpretação das palavras
- Significado de sinais
- Decodificação de gestos
- Significado de símbolos
- Sentido das lembranças

→ Mensagem incorreta

Fonte → → Destino

Figura 7.4 Como funcionam as barreiras à comunicação.[10]

Quanto ao seu tipo, a comunicação pode ser:

- **Formal**: é a comunicação endereçada por meio dos canais de comunicação existentes no organograma da empresa. A mensagem é transmitida e recebida dentro dos canais de comunicação formalmente estabelecidos pela empresa na sua estrutura organizacional. É basicamente a comunicação veiculada por meio da estrutura formal da empresa. Quase toda a comunicação formal é feita por escrito e devidamente documentada por meio de correspondência interna ou de formulários específicos.
- **Informal**: é a comunicação desenvolvida espontaneamente pela estrutura informal da empresa e fora dos canais de comunicação estabelecidos pelo organograma da empresa. Geralmente, a comunicação informal trafega mensagens por meios orais e não escritos e que podem ou não ser referentes às atividades da empresa.

Quanto ao direcionamento, as comunicações podem ser:

- **Verticais**: podem ser descendentes (de cima para baixo), referindo-se à comunicação entre o superior e os subordinados, veiculando ordens ou instruções; e podem ser ascendentes (de baixo para cima), referindo-se à comunicação entre o subordinado e o superior, veiculando informações a respeito do trabalho executado.
- **Horizontais**: referem-se às comunicações laterais entre dois órgãos (dois departamentos ou duas seções, por exemplo) ou dois cargos (dois gerentes ou dois escriturários) no mesmo nível hierárquico.
- **Transversais**: referem-se às comunicações que são simultaneamente verticais e horizontais, isto é, oblíquas ou diagonais. Em geral, envolvem níveis e áreas diferentes entre si.

> Aumente seus conhecimentos sobre **O administrador é um comunicador** na seção *Saiba mais IAD 7.2*

A importância da comunicação reside no fato de que o administrador passa a maior parte do seu tempo – algo ao redor de 60 a 80% do seu tempo, dependendo do seu nível de atuação – lidando com comunicação. Todo esse tempo é despendido em reuniões, contatos interpessoais com diretores, gerentes, funcionários, clientes, fornecedores, entidades financeiras, telefonemas, e-mails, relatórios, correspondência, contratos etc. Em outras palavras, a comunicação é um forte componente do trabalho do administrador. Se ele não souber dar eficiência e eficácia à comunicação, ele não conseguirá promover eficiência e eficácia à sua equipe de trabalho.

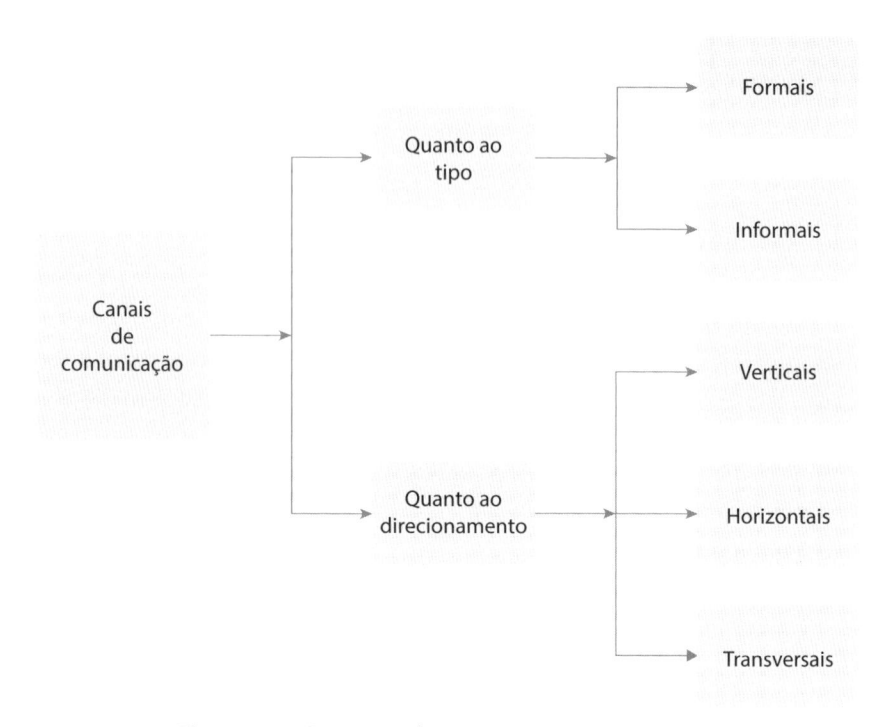

Figura 7.5 Os canais de comunicação na empresa.

7.7 MOTIVAÇÃO

Para liderar os subordinados, o administrador deve dar ordens e instruções, comunicar e orientar. Porém, precisa também motivar e incentivar as pessoas para que elas se sintam plenamente impulsionadas para o alcance dos objetivos propostos. A motivação é um poderoso instrumento de direção. Um motivo é algo que leva a pessoa a praticar com afinco determinada ação. Um motivo é a causa, a razão de algum comportamento. Como as pessoas são diferentes entre si e reagem individualmente a uma mesma situação, a direção deve levar em conta essas diferenças individuais e tratar as pessoas levando em conta essas diferenças individuais.

Motivação significa proporcionar um motivo ou propósito a uma pessoa para que ela se comporte de determinada forma. Motivar, portanto, significa despertar o interesse e o entusiasmo por alguma coisa. O estudo da motivação parte do estudo dos motivos ou necessidades humanas. Embora profundamente diferentes entre si, as pessoas apresentam determinadas necessidades humanas básicas (ou motivos), segundo Maslow:[11]

- **Necessidades fisiológicas**: também chamadas necessidades vegetativas, são as necessidades vitais e biológicas relacionadas com a sobrevivência da pessoa ou da espécie. Por exemplo, necessidade de comer, beber água, dormir, praticar exercícios físicos, agasalhar-se, fazer sexo etc.
- **Necessidades de segurança**: necessidades relacionadas com a proteção contra os perigos reais ou imaginários. São também relacionadas com a sobrevivência da pessoa, mas são mais psicológicas do que biológicas. Por exemplo, desejo de proteção e segurança pessoal, necessidade de fugir do perigo, estabilidade na empresa etc.
- **Necessidades sociais**: necessidades relacionadas com a vida associativa com outras pessoas. São necessidades de cunho eminentemente social. Por exemplo, desejo de amor, afeição, participação no grupo social, relações de amizade etc.
- **Necessidades de estima**: necessidades relacionadas com o amor-próprio e com a autoavaliação que a pessoa tem de si mesma. Por exemplo: desejo de *status*, autoconfiança, reputação, reconhecimento, prestígio etc.
- **Necessidades de autorrealização**: necessidades relacionadas com o autodesenvolvimento da pessoa em direção à máxima realização de suas potencialidades. Por exemplo: autorrealização, autossatisfação, sucesso pessoal e profissional etc. Constituem as necessidades humanas mais sofisticadas, mais elevadas e espiritualizadas.

Segundo Maslow, todas as necessidades humanas básicas estão situadas em uma hierarquia, em que as necessidades mais elevadas predominam sobre as mais baixas, como apresentado na pirâmide da Figura 7.6.

À medida que as necessidades fisiológicas – de se alimentar, morar, abrigar etc. – são plenamente satisfeitas, a pessoa passa a se preocupar com suas necessidades de segurança. Quando estas estão satisfeitas, a preocupação se volta para as necessidades sociais. Se estas estão satisfeitas, o comportamento se volta para a satisfação das necessidades de estima. As necessidades de autorrealização somente são estimuladas quando as demais necessidades inferiores estiverem satisfeitas. Além disso, a pirâmide mostra que as necessidades inferiores são sempre mais urgentes do que as necessidades mais elevadas.

```
                    Autorrealização
                    _____

                                              Necessidades
                      Estima                   secundárias

                    _____

                      Sociais

                    _____

                     Segurança
                                              Necessidades
                    _____                primárias

                Necessidades fisiológicas
```

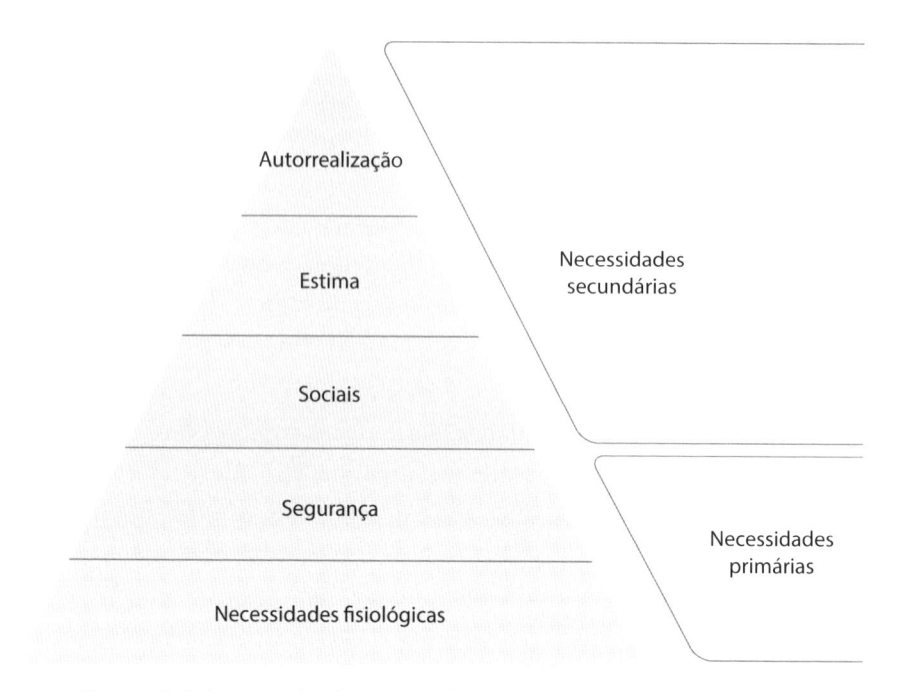

Figura 7.6 A pirâmide das necessidades humanas, segundo Maslow.

As necessidades humanas

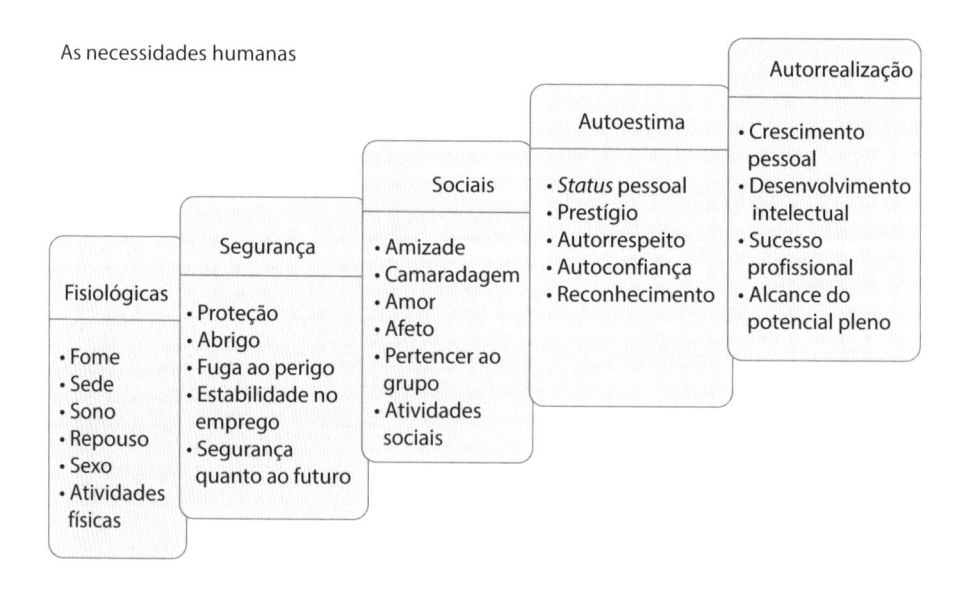

					Autorrealização
				Autoestima	• Crescimento pessoal
			Sociais	• *Status* pessoal	• Desenvolvimento intelectual
		Segurança	• Amizade	• Prestígio	• Sucesso profissional
	Fisiológicas	• Proteção	• Camaradagem	• Autorrespeito	• Alcance do potencial pleno
	• Fome	• Abrigo	• Amor	• Autoconfiança	
	• Sede	• Fuga ao perigo	• Afeto	• Reconhecimento	
	• Sono	• Estabilidade no emprego	• Pertencer ao grupo		
	• Repouso	• Segurança quanto ao futuro	• Atividades sociais		
	• Sexo				
	• Atividades físicas				

Figura 7.7 A hierarquia das necessidades humanas sob outro ângulo.[12]

Enquanto Maslow baseia sua teoria da motivação nas diferentes necessidades humanas (abordagem intraorientada), Herzberg fundamenta sua teoria no ambiente externo e na atividade de cada indivíduo (abordagem extraorientada).

Para Herzberg, a motivação das pessoas para o trabalho depende de dois fatores:[13]

1. **Fatores higiênicos**: são as condições ambientais que rodeiam a pessoa enquanto trabalha. Envolvem as condições físicas e ambientais de trabalho, salário, benefícios, políticas da empresa, tipo de supervisão, relações com a administração e com os colegas. Constituem os fatores tradicionalmente utilizados pelas empresas para motivar as pessoas. Todavia, os fatores higiênicos são muito limitados em sua capacidade de motivar as pessoas. São chamados de higiênicos, pois têm apenas um caráter preventivo e profilático: evitam a insatisfação, mas não criam a satisfação das pessoas. Porém, quando são precários, provocam insatisfação. Por isso são chamados fatores insatisfacientes.

2. **Fatores motivacionais**: referem-se ao conteúdo do cargo, à natureza das tarefas e aos deveres de cada pessoa na empresa. Produzem efeito duradouro sobre a satisfação. São chamados de motivadores, pois envolvem sentimentos de realização, crescimento pessoal e reconhecimento profissional. Quando ótimos, elevam a satisfação, e quando precários, provocam ausência de satisfação. Por isso, são chamados de fatores satisfacientes.

A Figura 7.8 dá uma ideia da influência de cada um desses fatores.

Daí a importância de oferecer simultaneamente fatores higiênicos (para evitar a insatisfação) e fatores motivacionais (para aumentar a satisfação) dentro da empresa, a fim de manter um clima de trabalho agradável e envolvente no sentido de reter talentos e motivar o espírito empreendedor. E qual é a empresa que não quer atrair e reter talentos? É por essa razão que muitas empresas querem se tornar os melhores lugares para se trabalhar. E isso é conseguido à medida que elas capricham em ambos os fatores.

> **SAIBA MAIS**
>
> **Motivações extrínseca e intrínseca**
>
> As pessoas podem receber incentivos externos vindos de outra pessoa e capazes de motivá-las: é a chamada motivação extrínseca, que alimenta a vontade e a intenção de fazer algo. Ou podem ter um propósito firme e intenso que vem de dentro delas: é a motivação intrínseca. No fundo, ambas fazem parte do nosso arsenal de impulsos motivacionais.

Quando precários		Quando ótimos
	Fatores motivacionais **(satisfacientes)**	
Nenhuma satisfação (neutralidade)	• Atividade agradável, prazeirosa e desafiante • Delegação de responsabilidade e de autoridade • Liberdade e autonomia para tomar decisões • Uso pleno de competências pessoais • Desenvolvimento pessoal • Oportunidades de futuro profissional	Maior satisfação
	Fatores higiênicos **(insatisfacientes)**	
Maior insatisfação	• Condições ambientais de trabalho • Políticas da empresa • Salário e benefícios • Relações com o superior e com a administração • Relações com os colegas	Nenhuma insatisfação

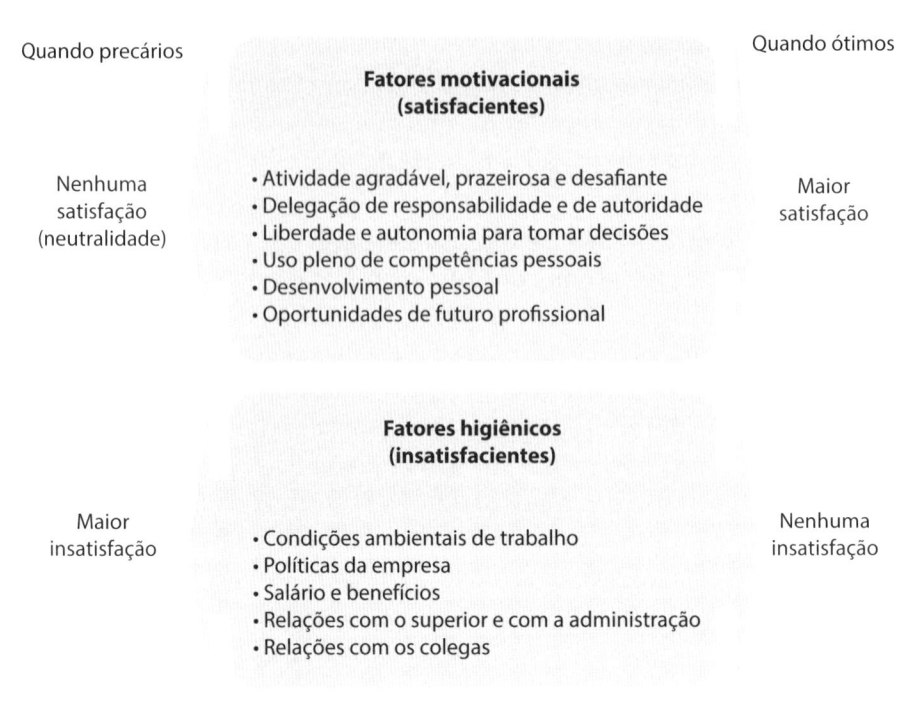

Figura 7.8 Os fatores de motivação.

7.8 EMPORWERMENT

O *empowerment* – ou empoderamento ou fortalecimento – significa um estilo de gestão de delegar autoridade e responsabilidade às pessoas ou às equipes no sentido de torná-las mais importantes, fortalecidas e responsáveis. Trata-se de dar força e autonomia para que pessoas e equipes possam avaliar situações, tomar decisões, assumir a iniciativa, agir por conta própria como se fossem verdadeiros empreendedores internos.

O *empowerment* se baseia em quatro providências fundamentais:

1. **Poder**: significa proporcionar maior poder às pessoas, delegar autoridade e responsabilidade, dar liberdade e autonomia, confiar intensamente nas pessoas. Em suma, dar maior importância às pessoas.
2. **Motivação**: significa proporcionar incentivos, propósitos e motivação às pessoas, reconhecer o bom desempenho e recompensar o alcance de metas e objetivos, festejar objetivos alcançados e proporcionar participação nos resultados. Em suma, incentivar poderosamente as pessoas.

3. **Liderança**: significa proporcionar liderança e orientação às pessoas, definir metas e objetivos a alcançar, impulsionar o desempenho e abrir novos horizontes. Em suma, proporcionar retroação e realimentação em tempo real.
4. **Desenvolvimento**: significa dar recursos às pessoas, treinar e desenvolvê-las, proporcionar informação e conhecimento, aprendizagem e oportunidades de ação. Enfim, criar e desenvolver talentos na empresa.

Poder
- Dar importância às pessoas
- Confiar nas pessoas
- Proporcionar poder às pessoas
- Delegar autoridade e responsabilidade
- Dar liberdade e autonomia
- Realçar as pessoas

Motivação
- Proporcionar incentivos
- Reconhecer o bom desempenho
- Recompensar o sucesso
- Festejar objetivo alcançados
- Oferecer participação nos resultados

Empowerment

Liderança
- Proporcionar orientação
- Definir metas e objetivos
- Avaliar o desempenho
- Abrir novos horizontes
- Proporcionar retroação

Desenvolvimento
- Dar recursos às pessoas
- Treinar e desenvolver as pessoas
- Proporcionar informação
- Compartilhar o conhecimento
- Desenvolvimento talentos na empresa

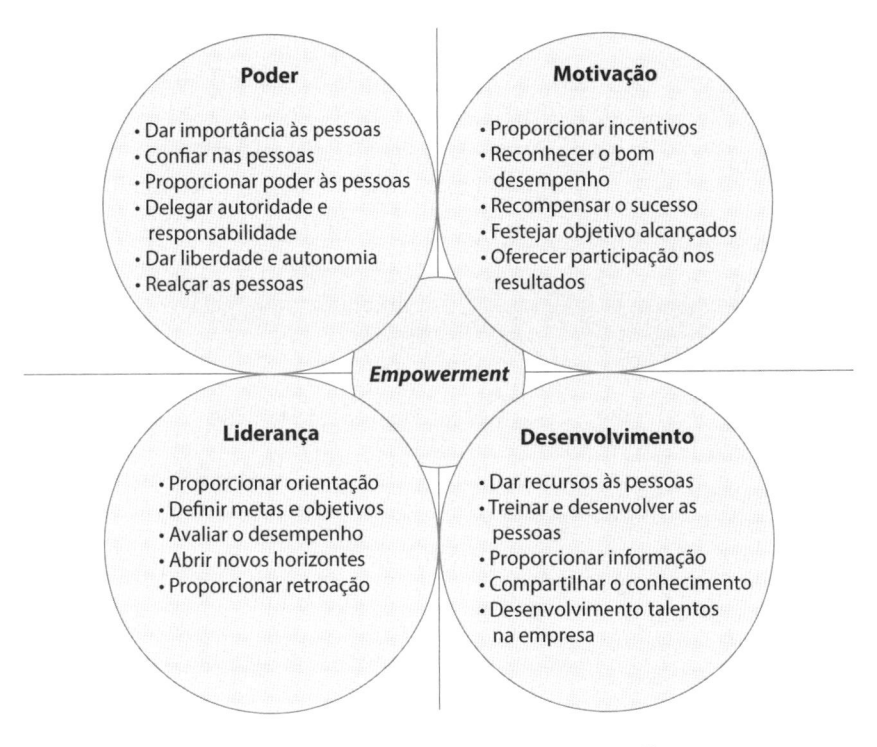

Figura 7.9 As bases do empowerment.[14]

Em resumo, a liderança representa o aspecto mais marcante do administrador. Constitui o eixo em que ele pode demonstrar plenamente suas condições de liderança e de dinamismo pessoal na condução de sua equipe e no alcance do sucesso empresarial.

7.9 INSTRUÇÕES

Para liderar as pessoas, o administrador deve proporcionar instruções para que elas saibam o que devem fazer e quando fazer. A instrução serve para ensinar, fazer iniciar, modificar ou cessar uma tarefa ou atividade. Enquanto uma ordem se refere ao que fazer e quando fazer, a instrução se refere a como fazer alguma tarefa ou atividade. Enquanto a ordem é um imperativo de fazer algo, a instrução é uma orientação sobre a maneira de fazer algo. O administrador deve sempre dar preferência a instruir e orientar em vez de simplesmente mandar.

7.9.1 Tipos de instruções

Quanto à sua amplitude, as instruções podem ser gerais ou específicas.

- **Instruções gerais**: destinadas a todas as pessoas da empresa, indistintamente. As instruções gerais constituem obrigações de todas as pessoas da empresa, como a obrigação de fazer um trabalho excelente, a apresentação de crachás de identificação pessoal, o relacionamento interpessoal, o conhecimento da missão organizacional e da visão de futuro da empresa, o conhecimento dos objetivos gerais do negócio etc.
- **Instruções específicas**: destinadas a determinadas pessoas ou situações. As instruções específicas constituem obrigações de algumas pessoas relacionadas com os objetivos específicos de seu departamento, tratamento a ser dado aos clientes da empresa, metas e objetivos individuais etc.

Quanto à forma pela qual são transmitidas, as instruções podem ser verbais (orais) ou escritas.

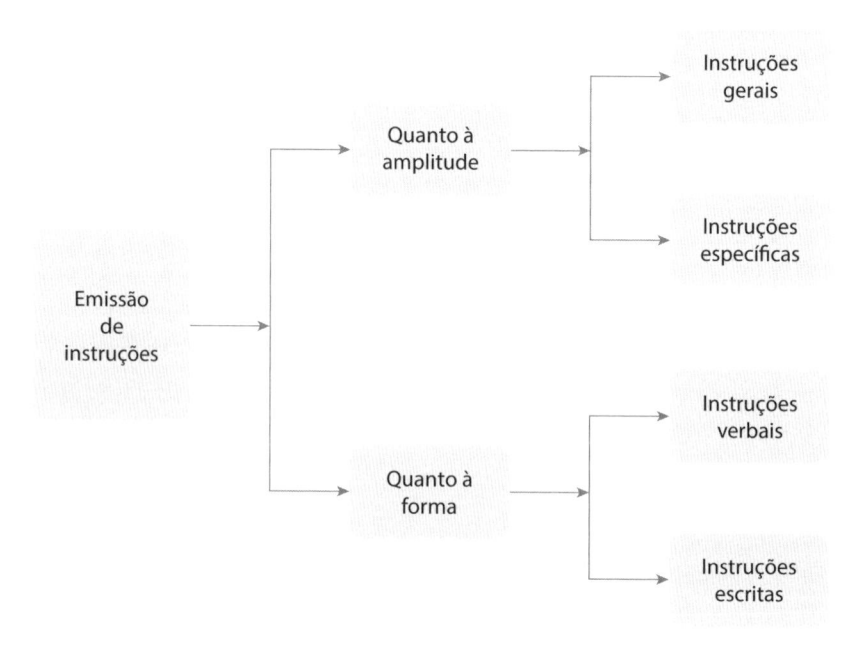

Figura 7.10 Classificação das instruções.

- **Instruções verbais**: são as instruções transmitidas de viva voz. São as instruções mais frequentemente dadas nas empresas, nos contatos diretos ou indiretos entre o líder e sua equipe. Esse tipo de instrução precisa ser muito bem comunicado e explicado, a fim de se assegurar sua adequada compreensão, e deve ser repetido com certa frequência, para evitar seu esquecimento.
- **Instruções escritas**: são aquelas transmitidas por escrito mediante alguma correspondência, documento ou mensagem virtual. À medida que a empresa cresce, aumenta gradativamente o volume de instruções, que passam a ser escritas e documentadas. A maior parte das empresas de grande porte restringe instruções verbais e exige que toda instrução seja dada por escrito ou virtual, para ser adequadamente documentada. A instrução escrita tem a vantagem de evitar confusões ou mal-entendidos. Algumas empresas desenvolvem formulários específicos para transmitir instruções escritas, como a ordem de serviço (OS) de manutenção de máquinas, a ordem de compra (OC), a requisição de materiais (RM) etc. Para as instruções rotineiras e repetitivas, algumas papelarias especializadas vendem formulários padronizados que ainda servem a uma variedade enorme de empresas. A desburocratização procura eliminar todo papelório, que ainda é enorme em muitas empresas.

7.10 MEIOS DE LIDERANÇA

Para liderar sua equipe, o administrador – em qualquer nível em que esteja situado – deve dar ordens ou instruções, comunicar, motivar, liderar e coordenar. Por isso, os principais meios de liderança que o administrador pode utilizar são: transmissão de ordens ou instruções, comunicação, motivação, liderança e coordenação. Todos esses meios de direção são utilizados em relação às pessoas.

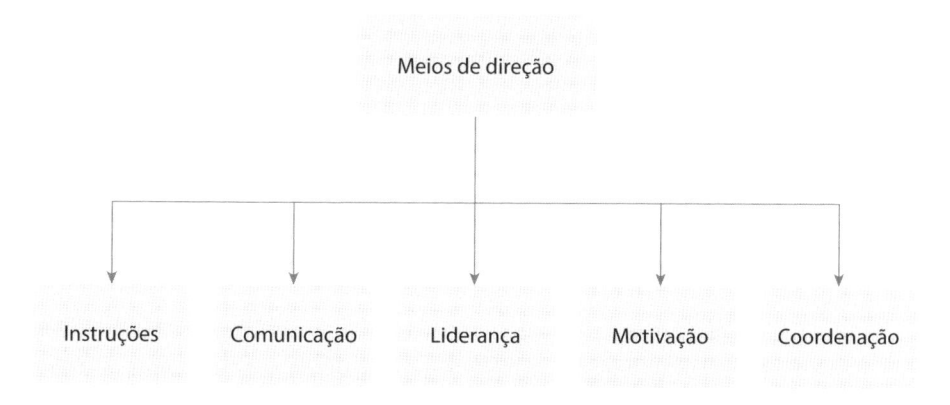

Figura 7.11 Os meios de direção.

O talento do bom administrador reside em saber utilizar adequadamente todos esses meios para lidar com as pessoas, isto é, para orientá-las, motivá-las, incentivá-las, dar-lhes liberdade, autonomia e coordená-las em direção aos objetivos da empresa.

7.11 PRINCÍPIOS TRADICIONAIS DE DIREÇÃO/LIDERANÇA

Ao longo do tempo, a direção/liderança baseou-se fundamentalmente em quatro princípios básicos:

1. **Princípio da unidade de comando**: cada subordinado deve subordinar-se a apenas um superior. A recíproca desse princípio é a de que deve haver uma autoridade única sobre cada pessoa na empresa, para evitar a duplicidade de ordens ou mais de uma chefia para cada pessoa. Qual a razão desse princípio? A razão desse princípio é, principalmente, assegurar o controle por meio da hierarquia: o superior tem autoridade única e exclusiva para controlar o subordinado.

2. **Princípio da delegação**: é preciso que todas as atividades necessárias à realização dos objetivos empresariais sejam delegadas ao nível hierárquico que possa executá-las adequadamente. A delegação significa a designação de tarefas, a transferência de autoridade e a exigência de responsabilidade pela execução daquelas tarefas. Delegar é transferir responsabilidade para alguém. Quem delega é o chefe, quando designa novas tarefas ao subordinado.

3. **Princípio da amplitude de controle**: também chamado princípio de âmbito de controle, refere-se ao número ideal de subordinados que cada chefe pode supervisionar diretamente. Seu enunciado é o seguinte: cada chefe deve ter um número adequado de subordinados para poder supervisioná-los adequadamente. Assim, amplitude de controle é a quantidade de pessoas subordinadas a um chefe. Quanto mais simples as atividades dos subordinados, maior amplitude de controle poderá ter o chefe, face à simplicidade de sua supervisão. Quanto mais complexas, maior a exigência de atenção e detalhes sobre o trabalho dos subordinados e, portanto, menor a amplitude de controle do chefe.

4. **Princípio da coordenação**: também chamado princípio das relações funcionais. Significa que todas as atividades devem ser coordenadas e integradas tendo em vista um objetivo comum. Nas empresas, os objetivos maiores submetem os objetivos menores. Estes precisam ser coordenados e integrados para o alcance dos objetivos maiores. A coordenação é um dos maiores desafios das grandes empresas, pois visa sincronizar diferentes atividades e diferentes especialidades.

Contudo, hoje em dia, num mundo diferente do que existia no passado, a direção e a liderança também se tornaram diferentes. E o mundo do trabalho também. Ambas estão avançando cada vez mais no sentido de alcançar enorme flexibilidade, adaptabilidade e agilidade para ajustarem-se às demandas e às necessidades que as mudanças e as transformações trazem com uma rapidez incrível.

> Aumente seus conhecimentos sobre **A adhocracia** na seção *Saiba mais IAD 7.3*

QUESTÕES PARA REVISÃO

1. Conceitue direção.
2. Conceitue liderança.
3. Quais são as principais características da direção/liderança?
4. Quais são os princípios fundamentais de direção/liderança?
5. O que significa o princípio da unidade de comando?
6. O que significa o princípio da delegação?
7. Quais são os principais meios de direção e liderança?
8. O que é emissão de ordens ou instruções?
9. Quais são os tipos de ordens?
10. Conceitue comunicação.
11. Como funciona a comunicação como um processo?
12. O que é ruído?
13. O que é redundância?
14. Quais são os canais de comunicação na empresa?
15. Qual é a diferença entre comunicação formal e informal?
16. Quais são as características da comunicação formal e da informal?
17. O que você entende por motivação?
18. Quais são as necessidades humanas básicas?
19. O que são as necessidades vegetativas?
20. Explique a pirâmide das necessidades.
21. Como é possível se motivar para o trabalho?
22. Explique os fatores de liderança.
23. Quais são os principais tipos de liderança?

24. Quais são os três fatores envolvidos na escolha do padrão de liderança?
25. Por que se diz que a liderança é uma questão situacional?
26. Explique o que significa *empowerment*.
27. Quais são os quatro aspectos que conduzem ao *empowerment*?

REFERÊNCIAS

1. CHIAVENATO, I. *Introdução à Teoria Geral da Administração*. 10. ed. São Paulo: Atlas, 2020.
2. CHIAVENATO, I. *Introdução à Teoria Geral da Administração*, op. cit.
3. MCGREGOR, D. *O Lado Humano da Empresa*. São Paulo: Martins Fontes, 1992.
4. MCGREGOR, D. O Lado Humano da Empresa. *In*: Balcão, Y. F.; Cordeiro, L. L. (orgs.). *O Comportamento Humano na Empresa*: uma antologia. Rio de Janeiro: Fundação Getulio Vargas, Serviço de Publicações, 1971. p. 45-60.
5. LIKERT, R. *A Organização Humana*. São Paulo: Atlas, 1975.
6. CHIAVENATO, I. *Recursos Humanos*: o capital humano das organizações. 11. ed. São Paulo: Atlas, 2020. p. 122-125.
7. CHIAVENATO, I. *Recursos Humanos*: o capital humano das organizações, *op. cit.*, p. 124.
8. CHIAVENATO, I. *Introdução à Teoria Geral da Administração*, *op. cit.*, p. 263-266.
9. ZALKING, S. S.; COSTELLO, T. W. Perception: implications for administration. *In*: KOLB, D. A.; RUBIN, I. M.; MCINTIRE, J. M. *Organizational Behavior*: an experiential approach. EnglewoodCliffs: Prentice Hall, 1971. p. 205-207.
10. CHIAVENATO, I. *Recursos Humanos*: o capital humano das organizações, *op. cit.*, p. 80.
11. MASLOW, A. A Theory of Human Motivation. *Psychological Review*, p. 370-396 jul. 1943.
12. CHIAVENATO, I. *Recursos Humanos*: o capital humano das organizações, *op. cit.*, p. 81.
13. HERZBERG, F. *Work and Nature of Man*. Cleveland: The World Press, 1966.
14. CHIAVENATO, I. *Gestão de Pessoas*: para gestão do talento humano. 5. ed. São Paulo: Atlas, 2020.

8 CONTROLE

O QUE VEREMOS ADIANTE

- Conceito de controle.
- Objetivos do controle.
- Importância do controle.
- Processo de controle.
- Tipos de controle.
- Níveis de controle.
- Técnicas de controle.
- Controle na era do *empowerment*.
- Questões para revisão.

Nada funciona com total liberdade e nada é feito com autonomia total. A interdependência entre pessoas, organizações, nações e continentes faz com que tudo deva ser devidamente regulado para não ultrapassar certos limites ou invadir seara alheia. A liberdade é relativa quanto aos direitos e deveres de cada parte. Em todas as circunstâncias de nossas vidas estamos sujeitos a alguma forma de controle, supervisão, verificação, regulação, fiscalização ou monitoramento. A palavra **controle** é geralmente utilizada com vários e diferentes significados:[1]

1. **Controle como imposição restritiva**: para coibir certos comportamentos indesejáveis. É o chamado controle social, que impõe regras de conduta sobre como se vestir, como dirigir automóveis, obedecer ao semáforo, não vender bebidas alcoólicas a menores de idade, cumprimentar as pessoas etc.
2. **Controle como um sistema automático de regulação**: para manter um nível constante de funcionamento de máquinas e equipamentos. É o caso

dos sistemas de ar-condicionado, geladeiras, sistema de arrefecimento da temperatura do motor dos carros, reguladores de voltagem etc.
3. **Controle como um meio de fiscalização e vigilância**: como nas portarias de prédios ou de empresas, o policiamento de trânsito, a segurança industrial, medicamentos controlados etc.
4. **Controle como uma das funções administrativas**: e que faz parte integrante do processo administrativo. É com esse significado que trataremos do controle neste capítulo.

8.1 CONCEITO DE CONTROLE

Controle é a função administrativa que consiste em medir e regular ou corrigir o desempenho da organização, das pessoas e dos recursos utilizados para assegurar que os objetivos organizacionais sejam plenamente atingidos. A tarefa do controle é verificar se tudo é realizado em conformidade com o que foi planejado, organizado e dirigido para identificar possíveis erros, distorções ou desvios, a fim de corrigi-los em tempo hábil e evitar a sua continuidade ou repetição.

Desde tempos imemoriais, o ser humano tem tentado controlar o seu ambiente para adequá-lo e ajustá-lo à sua vontade. Seja para se defender das feras famintas nos tempos da caverna, seja nos dias atuais, a busca pelo controle da água, da terra, dos animais, do poder e, agora, das organizações e dos mercados, sempre foi um marco na longa história da humanidade. Controlar o ambiente sempre foi um desafio para os seres humanos.

O controle é a quarta função administrativa, vindo depois do planejamento, da organização e da direção. Geralmente, constitui a função administrativa que se desenvolve durante ou após a execução dos trabalhos. Na realidade, o controle acompanha todas as etapas do processo administrativo, desde o planejamento, a organização e a direção. Quase que simultaneamente o administrador planeja, organiza e dirige, mas sempre utilizando o controle como garantia de que tudo estará correndo bem. Por meio do controle o administrador completa o ciclo integral do seu trabalho.

Aumente seus conhecimentos sobre **Controle** na seção *Saiba mais IAD* 8.1

Figura 8.1 Controle como a quarta etapa do processo administrativo.[2]

8.2 OBJETIVOS DO CONTROLE

O controle encerra o processo administrativo, após o planejamento, a organização e a direção/liderança, e tem três objetivos principais: regulação, correção e prevenção.

1. **Regulação das atividades**: no sentido de mantê-las dentro dos padrões estabelecidos. Serve de bitola para assegurar que as atividades estejam dentro da amplitude de variação entre os limites máximo e mínimo de resultados. Quando os resultados oscilam acima do limite máximo (quando o consumo de eletricidade extrapola) ou abaixo do limite mínimo (quando os estoques se tornam insuficientes), o controle deve apontar essa variação para que possa haver a devida ação corretiva.
2. **Correção de eventuais falhas ou erros**: o controle serve para detectar possíveis falhas ou erros, seja no planejamento, seja na organização, seja na direção e apontar imediatamente as medidas corretivas cabíveis.
3. **Prevenção de novas falhas ou erros**: ao corrigir falhas ou erros, o controle aponta os meios de evitar que elas se repitam no futuro. Assim, funciona com o objetivo preventivo de evitar falhas ou erros e melhorar gradativamente o processo administrativo.

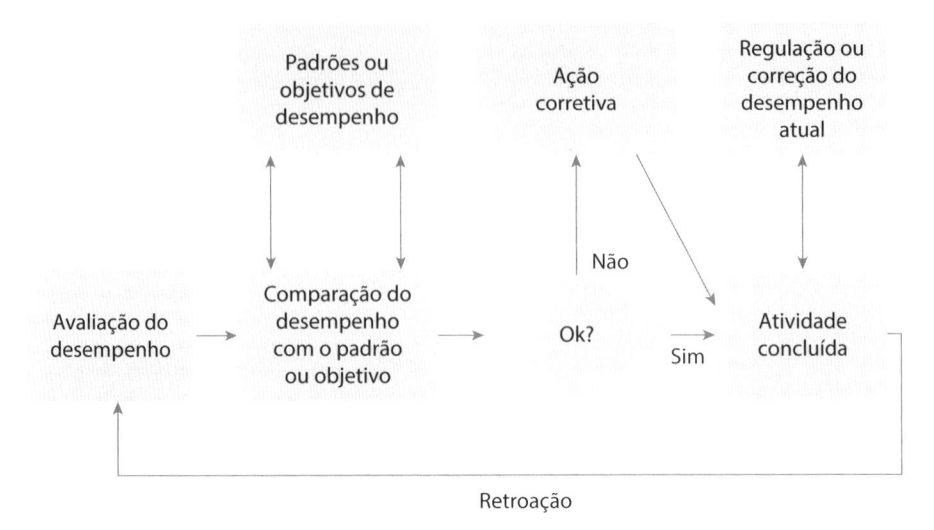

Figura 8.2 Controle como regulação, correção e prevenção.

8.3 IMPORTÂNCIA DO CONTROLE

O controle é importante na medida em que assegura que aquilo que foi planejado, organizado e dirigido cumpriu ou está cumprindo os objetivos pretendidos. É um certificado de que as coisas foram realmente executadas de acordo com o planejamento, a organização e a direção. Na realidade, o controle assegura que o processo administrativo de planejar, organizar e dirigir seja bem-sucedido. Caso contrário, averigua as falhas ou erros encontrados e as medidas corretivas, a fim de que as falhas ou erros não ocorram mais.

> Aumente seus conhecimentos sobre **A Administração e a Lei de Murphy** na seção *Saiba mais IAD 8.2*

8.4 PROCESSO DE CONTROLE

O controle é um processo cíclico, repetitivo e contínuo composto de quatro etapas sequenciais:[3]

Capítulo 8 – Controle

Figura 8.3 As quatro etapas do processo de controle.[4]

1. **Estabelecimento de objetivos ou padrões**: a primeira etapa do controle é a fixação de objetivos ou padrões a serem obedecidos. Um padrão é um resultado desejado, uma norma para estabelecer o que deverá ser feito, uma bitola previamente fixada e que servirá de marco para comparar o desempenho futuro.

   Existem vários tipos de padrões, por exemplo:

- **Padrões de quantidade**: como a quantidade de produção, o estoque de matéria-prima, o volume de vendas etc.
- **Padrões de qualidade**: como no controle de qualidade dos produtos fabricados, na especificação de medidas etc.
- **Padrões de tempo**: como os padrões de tempo das tarefas ou operações de operários, a duração do ciclo de produção etc.
- **Padrões de custo**: como o custo padrão para comparação dos custos de produção, o custo de matéria-prima, o custo de mão de obra etc.

   Embora constitua a primeira etapa do controle, o estabelecimento de padrões é geralmente feito no planejamento, isto é, no início do processo administrativo, como uma maneira de estabelecer os critérios ou indicadores que servirão de base para avaliar os futuros resultados do trabalho a ser realizado. A definição de padrões pode assumir a forma de metas, objetivos, indicadores ou métricas.

2. **Avaliação do desempenho**: é a segunda etapa do controle e consiste em avaliar ou mensurar o que está sendo feito ou o que já foi feito.
3. **Comparação do desempenho com o objetivo ou padrão estabelecido**: é a terceira etapa do controle. Consiste em comparar o que está sendo feito ou o que já foi feito com o padrão estabelecido a fim de verificar se há alguma diferença, variação, erro ou falha. Quase sempre o padrão estabelecido admite alguma tolerância quanto à variação. Quando o desempenho está dentro dos limites dessa tolerância, considera-se o desempenho como dentro do padrão estabelecido.
4. **Ação corretiva**: é a última etapa do controle. Consiste na correção da variação, do erro ou da falha localizada. Se o desempenho foi de acordo com o objetivo ou padrão, não há ação corretiva a aplicar. A finalidade do controle é indicar quando, quanto, onde e como corrigir o que está fora do objetivo ou padrão.

> Aumente seus conhecimentos sobre **Just-in-time** na seção *Saiba mais IAD 8.3*

À medida que o processo administrativo se repete, o controle permite um gradativo aperfeiçoamento ou, em outros termos, uma gradativa aprendizagem do sistema, que permite corrigir seus erros e melhorar gradualmente o seu desempenho.

8.5 TIPOS DE CONTROLE

O controle está basicamente preocupado com a execução daquilo que foi planejado. Contudo, o controle pode ocorrer em três situações:

1. **Controle preliminar**: também denominado controle por antecipação, funciona antes que a atividade tenha início. Serve para assegurar que os recursos corretos estejam prontos e disponíveis para que a atividade possa começar. É desenhado para antecipar possíveis problemas e assegurar prévia ação preventiva para evitar sua ocorrência. É uma abordagem antecipatória e proativa – e não simplesmente reativa ou defensiva – no sentido de eliminar ou evitar possíveis problemas que possam acontecer e assegurar que os insumos básicos estejam prontos e preparados para a atividade.

2. **Controle concorrente**: também denominado controle de pilotagem, focaliza o que está acontecendo durante o processo de trabalho. Serve para monitorar as atividades e operações durante sua execução para assegurar que o trabalho esteja sendo adequadamente feito. Ajuda a evitar perdas, atrasos, desvios, e garante que os objetivos e padrões estão sendo assegurados.
3. **Controle posterior**: também denominado controle por retroação, toma lugar após a atividade ser completada. Focaliza o resultado final e se o objetivo foi alcançado ou se o padrão foi atendido.

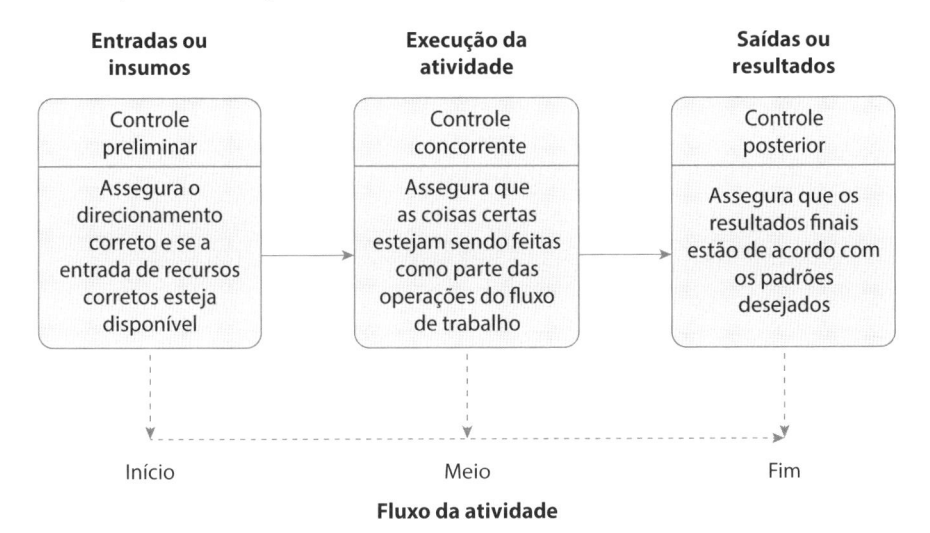

Entradas ou insumos	Execução da atividade	Saídas ou resultados
Controle preliminar	**Controle concorrente**	**Controle posterior**
Assegura o direcionamento correto e se a entrada de recursos corretos esteja disponível	Assegura que as coisas certas estejam sendo feitas como parte das operações do fluxo de trabalho	Assegura que os resultados finais estão de acordo com os padrões desejados
Início	Meio	Fim

Fluxo da atividade

Figura 8.4 Os três tipos de controle.[5]

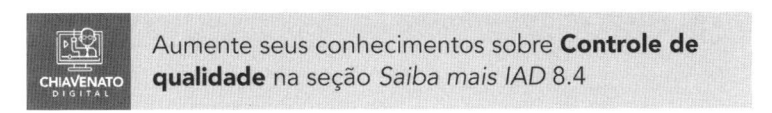

> Aumente seus conhecimentos sobre **Controle de qualidade** na seção *Saiba mais IAD 8.4*

8.6 NÍVEIS DE CONTROLE

A rigor, todas as áreas e assuntos da organização devem estar sob algum grau de controle, que pode ser mais intenso ou mais brando. Quando dizemos que algo está sob controle, isso significa que está sob acompanhamento, avaliação, fiscalização ou monitoração constante e permanente.

Do ponto de vista vertical, os níveis de controle e monitoramento são os seguintes:[6]

1. **Nível institucional**: ou nível estratégico, refere-se ao controle da organização como um todo, por exemplo, o desempenho global da empresa por meio de

relatórios e balanços contábeis, demonstrativos financeiros, controle de lucros e perdas, controle do retorno sobre o investimento, participação no mercado, imagem ou reputação da empresa etc. Além disso, o nível institucional (estratégico) deve fazer constantemente um escaneamento do ambiente externo – tanto do macroambiente quanto do seu ambiente de negócios – para conhecer as suas tendências e, assim, garantir a adaptabilidade e a competitividade da organização. Radar constantemente ligado para perceber o ambiente externo, suas mudanças e transformações e adaptar-se prontamente a elas.

2. **Nível tático**: ou nível intermediário, refere-se ao controle a nível de divisões ou departamentos. Significa o controle das atividades das diversas áreas da organização – marketing, finanças, produção, recursos humanos – realizadas no médio prazo, geralmente no período anual.
3. **Nível operacional**: refere-se ao controle no nível das operações e tarefas da organização. Em geral, trata de atividades cotidianas em termos de curto prazo – diários, semanais, mensais.

Do ponto de vista horizontal, o controle também pode se referir às diversas áreas da organização:

1. **Área de finanças**: refere-se à administração dos recursos financeiros da empresa, como o controle orçamentário, a contabilidade, a contabilidade de custos, o controle dos investimentos etc.
2. **Área de produção/operações**: refere-se à administração dos recursos materiais da empresa, como o planejamento e o controle da produção, o nível de produção, o controle de materiais, o controle de estoques, o controle de qualidade etc.
3. **Área de marketing**: refere-se à administração relacionada com a área de marketing e comercialização da empresa, como o controle das vendas, o controle de estoques de produtos acabados, o controle de entregas a clientes, o controle de promoção e propaganda (publicidade) etc.
4. **Área de gestão humana**: refere-se à administração dos recursos humanos da empresa, como o controle de ponto e de frequência, o controle das férias do pessoal, o controle da produtividade etc.

Quadro 8.1 Exemplos de controles efetuados pelas áreas da organização

Finanças	Produção/ Operações	Marketing	Gestão Humana
1. Retorno do capital 2. Lucratividade 3. Lucros e perdas 4. Nível de faturamento 5. Nível de investimento 6. Orçamento de despesas 7. Fluxo de caixa 8. Contas a receber 9. Contas a pagar 10. Inadimplência de clientes 11. Taxas e impostos pagos	1. Nível de produção 2. Volume de estoques 3. Custos industriais 4. Nível de produtividade 5. Programação de máquinas 6. Manutenção de máquinas 7. Programação de materiais 8. Programação e controle da produção 9. Programação de compras 10. Nível de estoque 11. Investimento industrial	1. Volume de vendas 2. Volume de produtos 3. Satisfação do cliente 4. Volume de clientes 5. Participação no mercado 6. Volume de propaganda 7. Volume de promoções 8. Rapidez de entrega 9. Imagem da marca 10. Nível de entregas 11. Volume de pedidos	1. Número de funcionários 2. Nível de absenteísmo 3. Nível de rotatividade 4. Nível de produtividade *per capita* 5. Nível de satisfação 6. Volume de salários pagos 7. Volume de benefícios 8. Encargos sociais pagos 9. Nível de retenção de talentos 10. Volume de treinamento 11. Nível de capacitação

8.7 TÉCNICAS DE CONTROLE

As técnicas relacionadas com o controle são basicamente as mesmas que vimos no planejamento. Como é o planejamento que define os padrões e os critérios de desempenho, as mesmas técnicas de planejamento são também utilizadas para o controle. Contudo, também acrescentamos a seguir o diagrama de Ishikawa como uma técnica de controle.

8.7.1 Diagrama de Ishikawa

Também denominado diagrama de espinha de peixe ou diagrama de causa e efeito, serve para indicar as causas possíveis que podem provocar um evento ou um problema específico. Foi criado por Kaoru Ishikawa[7] para representar a relação entre um dado efeito e as possibilidades de causa que podem contribuir para esse efeito. As causas são agrupadas em categorias, tais como:

- **Pessoas**: envolvidas no processo.
- **Métodos**: como são desempenhados por meio de políticas, procedimentos, regras e regulamentos.
- **Máquinas**: todo e qualquer equipamento ou tecnologia requerido para o trabalho, como computadores, ferramentas etc.
- **Materiais**: como matérias-primas, partes, componentes utilizados no produto final.
- **Medidas**: como dados gerados pelo processo para avaliar sua qualidade ou a calibração das máquinas.
- **Ambiente**: condições externas, como cultura, localização, tempo e temperatura em que o processo opera.

Figura 8.5 Diagrama de causa e efeito de Ishikawa.

Os passos para utilizar o diagrama de Ishikawa são:

1. Definir claramente o efeito a ser analisado. O efeito pode estar localizado em um problema a ser resolvido ou em um objetivo a ser alcançado.
2. Desenhar uma flecha principal apontando para o efeito.
3. Incluir as possíveis categorias de causas ao longo da flecha principal.
4. Indicar as causas relacionadas com cada categoria.
5. Explorar cada uma das possíveis causas.

6. Analisar o diagrama para verificar:
   - Quais as categorias que provocam as causas do efeito abordado.
   - As áreas dessas categorias que requerem investigação maior.
   - Como podem ser comprovadas as possíveis causas do efeito.

O diagrama de causa e efeito permite identificar e localizar rapidamente problemas que requerem ação corretiva imediata.

8.8 CONTROLE NA ERA DO *EMPOWERMENT*

Como as organizações se expandem no mundo todo e em mercados gradativamente dinâmicos e mutáveis, o fato de utilizar um modelo tradicional de controle – fixando conjuntos de padrões, avaliando e comparando o desempenho atual com aqueles padrões e tomar as ações corretivas – pode provocar alguns problemas, tais como:[8]

- O planejamento não pode antecipar tudo o que ocorrerá na organização no futuro. Assim, no decorrer de sua execução, podem acontecer imprevistos que provocarão mudanças no que foi planejado e no que está sendo ou será executado. O controle nem sempre está preparado para atender a essas eventualidades.
- Os mercados mudam e passam por transformações antes que o planejamento possa se tornar uma realidade e seus objetivos estejam plenamente alcançados. Se o planejamento deve ser flexível, maleável e adaptável a novas circunstâncias, o controle deve também o seguir nesse sentido.

Assim, o controle deve possuir algumas peculiaridades, como demandar flexibilidade, criatividade e inovação. Deve encorajar fortemente as pessoas a assumir processos de melhoria e novas maneiras de responder às inovações como um forte mecanismo de retroação aos problemas enfrentados.

> Aumente seus conhecimentos sobre **Os princípios tradicionais de controle na Era Industrial** na seção *Saiba mais IAD 8.5*

Em resumo, alguns autores observam que o que não pode ser controlado também não pode ser administrado. Essa afirmação tem lá as suas razões, pois o controle faz parte do processo administrativo e, consequentemente, integra o trabalho do administrador. O importante é finalizar e concluir cada atividade e alcançar o objetivo proposto, e, para isso, o controle é fundamental.

QUESTÕES PARA REVISÃO

1. Conceitue controle.
2. Quais os diferentes significados da palavra **controle**?
3. Quais são os objetivos do controle?
4. Qual é a importância do controle?
5. Explique o controle como um processo cíclico.
6. O que são padrões?
7. O que é avaliação do desempenho?
8. O que é ação corretiva?
9. Quais são os tipos de padrões?
10. Dê exemplos de padrões de qualidade.
11. Dê exemplos de padrões de quantidade.
12. Quais são as técnicas de controle?
13. Explique o cronograma como técnica de controle.
14. Explique o Gráfico de Gantt como técnica de controle.
15. Quais são os princípios fundamentais de controle?
16. Explique o princípio da ação.
17. Explique o princípio do objetivo.
18. Explique o princípio da definição dos padrões.
19. Explique o princípio da exceção.
20. Quais são os níveis de controle?
21. Quais são os principais controles na área de pessoal?
22. Quais são os principais controles na área de produção?
23. Quais são os principais controles na área de finanças?
24. Quais são os principais controles na área institucional?

REFERÊNCIAS

1. HELLRIEGEL, D.; SLOCUM, Jr., J. W. *Management*: a contingency approach. Reading: Addison-Wesley, 1974. p. 245-246.
2. CHIAVENATO, I. *Introdução à Teoria Geral da Administração*. 10. ed. São Paulo: Altas, 2020.

3. CHIAVENATO, I. *Introdução à Teoria Geral da Administração*, op. cit.
4. CHIAVENATO, I. *Introdução à Teoria Geral da Administração*, op. cit.
5. Adaptado de: SCHERMERHORN, Jr., J. R. *Management*. Nova Iorque: John Wiley & Sons, 1996. p. 473.
6. CHIAVENATO, I. *Introdução à Teoria Geral da Administração*, op. cit.
7. ISHIKAWA, K. *Guide to Quality Control*. Tóquio: JUSE Press, 1968.
8. DESSLER, G. *Management:* leading people and organizations in the 21th Century. Upper Saddle River: Prentice Hall, 1998. p. 530.

9 A ORGANIZAÇÃO COMO FORNECEDORA DE RESULTADOS

> **O QUE VEREMOS ADIANTE**
> - Afinal, para quem trabalhamos?
> - Para onde vão os resultados do negócio da organização?
> - *Balanced Scorecard* (BSC).
> - Questões para revisão.

Todas as vezes que nos referimos ao processo administrativo – no planejamento, na organização, na direção/liderança ou no controle –, sempre o relacionamos com os objetivos organizacionais a serem alcançados. É inegável a importância dos objetivos da organização em todo o seu processo administrativo. Contudo, as organizações buscam alcançar uma variedade incrível de objetivos altamente diferenciados. Alguns são imediatos, outros localizados ao longo prazo; alguns são financeiros, outros sociais; alguns são quantitativos, outros qualitativos. Para tanto, as organizações constroem uma verdadeira cascata de objetivos para poder dar-lhes consistência e, sobretudo, o alinhamento necessário para que todos eles possam contribuir sinergicamente para o sucesso organizacional. Trata-se de um enorme desafio, pois quase sempre o alcance de um objetivo (como reduzir a margem de seus produtos para melhor competir no mercado) pode impedir o alcance de outros objetivos (como oferecer aumentos salariais para manter seus talentos). Ao focar determinado objetivo, quase sempre se põe em risco o alcance de outros objetivos. Para acrescer um, tira-se de outros. Afinal, tudo tem o seu limite.

> Acesse conteúdo sobre sobre **As organizações são as criadoras de riqueza na sociedade moderna** na seção *Tendências em IAD 9.1*

9.1 AFINAL, PARA QUEM TRABALHAMOS?

Muita gente acredita piamente que a organização trabalha somente para seus proprietários e acionistas (*shareholders*) ou para o seu cliente ou consumidor. Ou até para ambos. Na verdade, toda organização trabalha para um enorme e diversificado conjunto de partes interessadas no seu negócio, denominadas *stakeholders*. Em outras palavras, quaisquer indivíduos, grupos ou organizações que podem afetar ou serem afetados pelo alcance de objetivos de uma companhia são denominados *stakeholders*. Eles assumem determinados papéis ou posições nos negócios da organização da qual participam direta ou indiretamente, interna ou externamente.[1]

> Acesse conteúdo sobre sobre **Quem se beneficia com o sucesso das organizações?** na seção *Tendências em IAD 9.2*

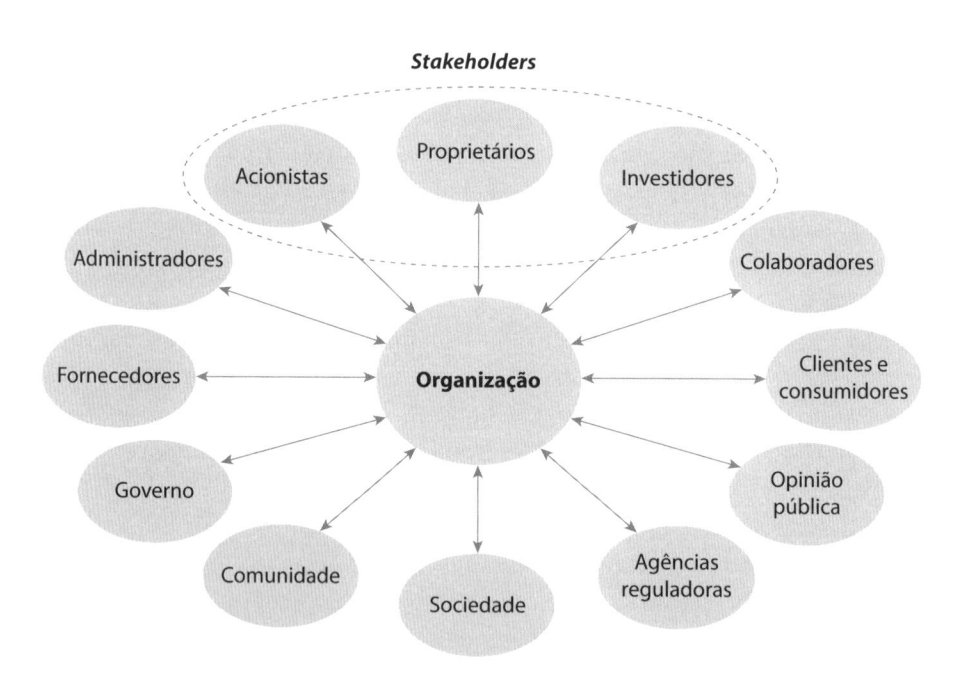

Figura 9.1 Os vários *stakeholders* ao redor da organização.[2]

Assim, *stakeholders* são as partes interessadas ou partes afetadas pela empresa em algum assunto não necessariamente econômico. O seu relacionamento com a organização pode ser direto ou mesmo indireto e sem envolver necessariamente transações comerciais. Em geral, os *stakeholders* podem ser divididos em um grupo mais direto (como empregados, acionistas, instituições financeiras, clientes e fornecedores) e outro mais indireto (como comunidades, governo, mídia, grupos de interesse, concorrência e grupos de defesa de interesses). Os *stakeholders* podem estar atrás de um interesse, vantagem, reparação ou inserção em um contexto maior. Empreendedores e líderes empresariais têm naturalmente uma visão de fora para dentro, ou seja, estão inseridos fortemente em seu ambiente econômico, social e político. Essa é uma característica que os separa dos administradores mais focados no cotidiano e nos processos operacionais internos da empresa e com uma perspectiva de dentro para fora.

> **SAIBA MAIS**
>
> **O que é um Conselho de Administração?**
>
> É comum as grandes corporações possuírem a figura de um Conselho de Administração, que é formado por um grupo de membros eleitos ou designados, que tem a missão de supervisionar as atividades da empresa. Além disso, deliberam sobre as principais decisões estratégicas e atuam como um elo entre os sócios de uma empresa e sua diretoria, sendo também o guardião da governança corporativa da empresa. A formação do conselho varia de empresa para empresa, cujas normas estão contidas em seu Estatuto, que é um documento que contém um conjunto de regras, atos e objetivos que devem ser seguidos.
>
> Nas grandes corporações, o Conselho de Administração, em suas reuniões, é quem define as questões mais importantes relacionadas à gestão de *stakeholders*. É ali que se discute de maneira ampliada e sistêmica o impacto dos relacionamentos saudáveis que a empresa têm com seus *stakeholders* para a competitividade, a longevidade e a sustentabilidade empresarial. Ou seja, de qual maneira a empresa poderá influenciar os seus *stakeholders* para garantir sua participação ativa no negócio.

Cada um desses *stakeholders* ocupa uma posição na organização, como mostra a Figura 9.2.

Os públicos estratégicos da organização

```
                    Proprietários
                    Acionistas
                    Investidores
                         │
                    Conselho de
                   administração
                         │
                    ┌─────────────┐
                    │  Presidente │
                    │  Diretores  │                  Clientes
     Fornecedores → │  Gerentes   │ →              Consumidores
                    │ Supervisores│                  Usuários
                    │Colaboradores│                Contribuintes
                    │             │      Atacadistas
                    │ Organização │      Varejistas
      Empurrar   →  │             │ ←      Puxar
                    └─────────────┘
                         ↑
              ┌──────────┼──────────┐
          Comunidade  Agências    Opinião
          sociedade  reguladoras  pública
```

Figura 9.2 A organização e suas partes interessadas (*stakeholders*).

9.2 PARA ONDE VÃO OS RESULTADOS DO NEGÓCIO DA ORGANIZAÇÃO?

Todo *stakeholder* precisa pensar como um investidor no negócio da organização. Cada um deles investe à sua maneira na organização na expectativa de receber retornos do seu investimento. E nesse intercâmbio mútuo de contribuições feitas e incentivos recebidos, a organização mantém a sua sustentabilidade ao longo do tempo. O desafio organizacional é manter sempre esse intercâmbio, pois qualquer *stakeholder* perdido significa um desbalanço no sistema e uma enorme perda da organização.

Quadro 9.1 O intercâmbio entre organização e seus *stakeholders*[3]

Stakeholders	Contribuições (investimentos feitos)	Incentivos (retornos esperados)
Shareholders (proprietários, acionistas e investidores)	Contribuem com capital financeiro na forma de ações, financiamentos, créditos, dinheiro ou empréstimos	São motivados por rentabilidade, lucratividade, liquidez, dividendos, retorno do investimento financeiro

(continua)

(continuação)

Stakeholders	Contribuições (investimentos feitos)	Incentivos (retornos esperados)
Gestores e colaboradores	Contribuem com trabalho, esforço, dedicação pessoal, desempenho, conhecimento, habilidades, competências	São motivados por salários, benefícios, prêmios, elogios, reconhecimento, oportunidades, progressão no trabalho
Clientes e consumidores	Contribuem com dinheiro pela aquisição dos produtos ou serviços oferecidos pela organização	São motivados por preço, qualidade, condições de pagamento, satisfação de necessidades e alcance de expectativas
Fornecedores	Contribuem com atividades regulatórias, normatização, vigilância, acordos sindicais	São motivados por novos negócios, manutenção do faturamento, lucratividade e retorno do investimento
Agências reguladoras	Contribuem com atividades regulatórias, normatização, vigilância, acordos sindicais	São motivadas por regulação e normatização, obediência a leis ou acordos de negócios
Comunidade	Contribui com espaço físico, recursos naturais, proximidade, vizinhança	É motivada pelas oportunidades de emprego e investimentos locais
Sociedade	Contribui com cultura, espaços sociais, opinião pública, organizações sociais	É motivada pelas oportunidades de desenvolvimento econômico
Governo	Contribui com infraestrutura, regulação do mercado	É motivado pelos impostos e pelas contribuições ao Estado

Além da enorme variedade de *stakeholders*, cada um deles tem um diferente grau de importância ou saliência para a organização. Esse grau de importância ou saliência dos *stakeholders* no negócio da organização depende da combinação de três fatores:

1. **Poder**: é a força (coercitiva, utilitária ou regulatória) para exercer ações para suprir ou negar apoio financeiro, comercial ou moral. É a condição de se impor sobre a outra parte em um relacionamento. Pode ser um empregador cuja decisão é determinante em uma relação de emprego ou um atacadista mais poderoso na negociação.

2. **Urgência**: quando o *stakeholder* exige e impõe atenção imediata ou quando a sua solicitação é importante ou crítica, ou, ainda, quando mantém um relacionamento de natureza sensível ao tempo. Pode ser uma empresa mais poderosa sobre determinado fornecedor.

3. **Legitimidade**: é a percepção ou assunção geralmente aceita de que as ações de um *stakeholder* são desejáveis ou apropriadas dentro de um sistema de normas, leis, crenças e definições.

A Figura 9.3 mostra a configuração desses três fatores.[4]

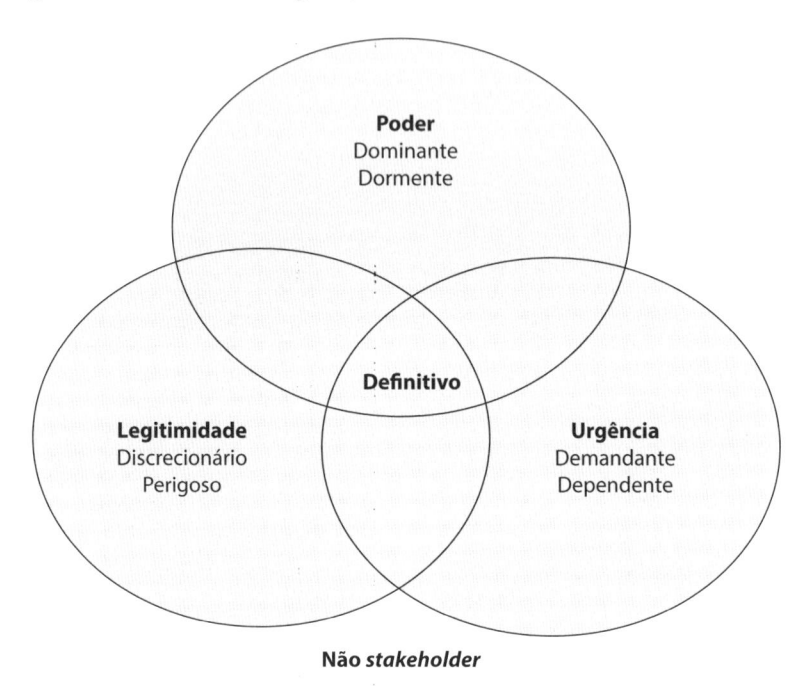

Figura 9.3 Modelo de saliência ou prioridade dos *stakeholders*.[5]

> Aumente seus conhecimentos sobre **Grau de importância do stakeholder** na seção *Saiba mais IAD 9.1*

Assim, privilegiar equanimemente todos os *stakeholders* de maneira equilibrada e ponderada constitui um desafio para o administrador. À medida que cada grupo de interesse investe à sua maneira no negócio da empresa, ele espera um retorno do seu investimento. O segredo está em privilegiar todos eles de maneira correspondente à contribuição de cada um dos grupos de interesses para proporcionar um retorno esperado por todos eles e assegurar a continuidade de sua contribuição ao negócio da empresa. É para isso que existem as empresas. É para isso que se torna necessária a atuação do administrador. O trabalho do administrador produz resultados que precisam ser distribuídos de maneira adequada entre todos aqueles que contribuíram para que isso acontecesse.

9.3 BALANCED SCORECARD

Vimos que cada organização busca alcançar uma variedade de objetivos simultaneamente. Isso traz um enorme desafio no sentido de fazer com que os objetivos se ajudem mutuamente e não provoquem conflitos entre si, pois alguns objetivos são alcançados à custa de outros. O *Balanced Scorecard* (BSC) procura evitar que isso aconteça e busca alcançar um equilíbrio sinérgico entre eles. No fundo, o BSC teve início como um registro de escores e logo ganhou *status* de ferramenta estratégica.[6] O BSC é constituído de quatro perspectivas básicas:

1. **Perspectiva financeira**: para analisar o negócio sob o ponto de vista financeiro. Envolve indicadores e medidas financeiras e contábeis para avaliar o comportamento da organização frente a itens como lucratividade, retorno dos investimentos, valor agregado ao patrimônio e outros indicadores que a organização adote como relevantes para seu negócio.

2. **Perspectiva dos clientes**: para analisar o negócio sob o ponto de vista dos clientes. Inclui indicadores e medidas como satisfação e retenção dos clientes, participação e posicionamento no mercado, valor agregado aos produtos/serviços, tendências do mercado, nível de serviços à comunidade etc.

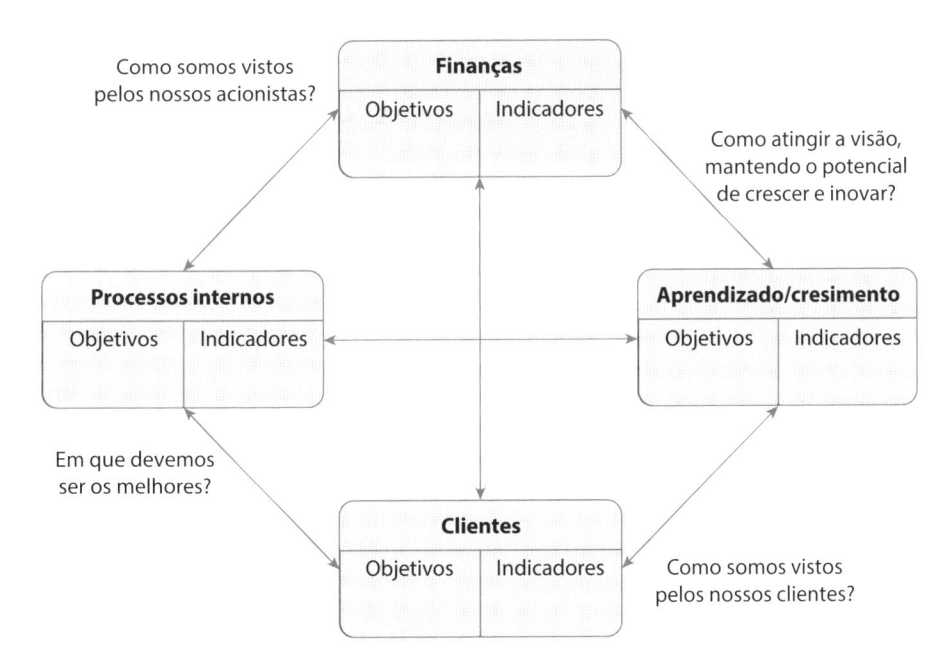

Figura 9.4 As quatro perspectivas do BSC.[7]

3. **Perspectiva dos processos internos**: para analisar o negócio do ponto de vista interno da organização. Inclui indicadores sobre qualidade intrínseca dos produtos e processos, criatividade, inovação, capacidade de produção, alinhamento com demandas do mercado, logística e otimização dos fluxos, qualidade das informações, da comunicação interna e das interfaces com o ambiente externo.
4. **Perspectiva do aprendizado e crescimento organizacional**: para analisar o negócio do ponto de vista daquilo que é básico para alcançar o futuro com sucesso. Considera as pessoas em termos de capacidades, competências, motivação, *empowerment*, alinhamento, e a estrutura organizacional em termos de investimentos no seu futuro. Essa perspectiva garante a solidez e constitui o valor fundamental para as organizações de futuro.

Essas perspectivas podem ser tantas quanto a organização necessite escolher em função da natureza do seu negócio, dos propósitos, da estratégia, do estilo de atuação etc. O BSC busca estratégias e ações equilibradas em todas as áreas que afetam o negócio da organização como um todo, permitindo que os esforços sejam dirigidos para as áreas de maior competência e detectando e indicando as áreas para eliminação de incompetências. É um sistema focado no comportamento organizacional e não no seu controle. **Alinhamento** e **foco** são as palavras de ordem. Alinhamento significa coerência da organização. Foco significa concentração. O BSC habilita a organização a focar suas equipes de executivos, unidades de negócios, recursos humanos, tecnologia da informação e recursos financeiros para sua estratégia organizacional.

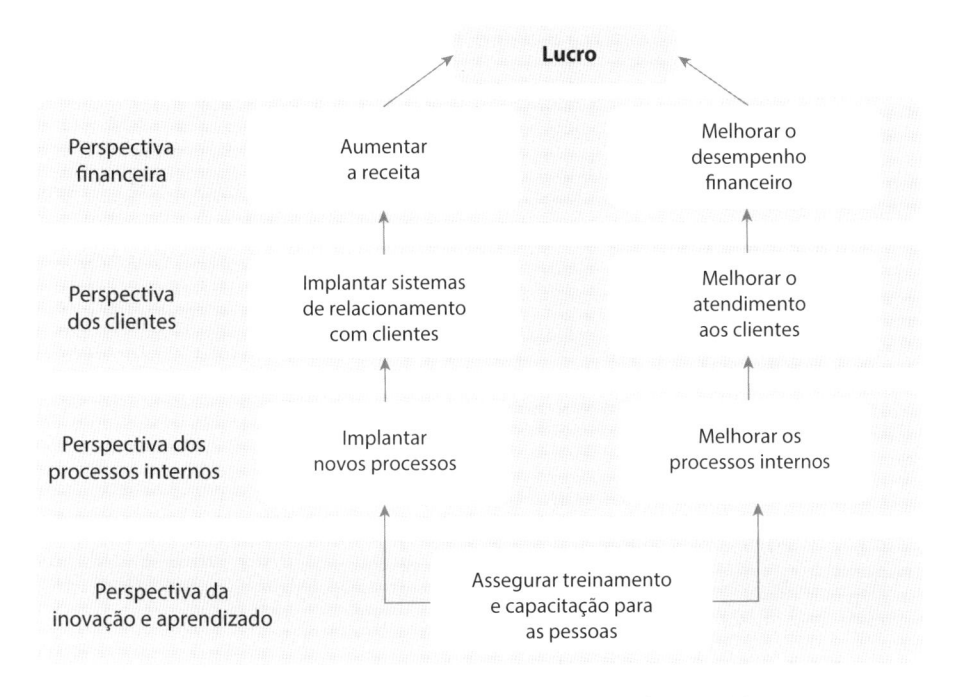

Capítulo 9 – A Organização como Fornecedora de Resultados

Figura 9.5 O mapa da estratégia segundo o BSC.[8]

QUESTÕES PARA REVISÃO

1. Cite e exemplifique alguns dos principais objetivos organizacionais.
2. Explique o conceito e cite exemplos de *stakeholders*.
3. Explique o conceito e cite exemplo de *shareholder*.
4. Para quem uma organização trabalha? Justifique sua resposta com base nos estudos deste capítulo.
5. Qual a função de um conselho de administração?
6. Explique e dê exemplos de cada um dos três fatores que forma o grau de importância ou saliência dos *stakeholders*.
7. Qual o conceito do *Balanced Scorecard*?
8. Explique cada uma das perspectivas do *Balanced Scorecard*.
9. Qual a importância do **alinhamento** e **foco** para uma organização?

REFERÊNCIAS

1. FREEMAN, R. E. The Politics of Stakeholder Theory. *Business Ethics Quarterly*, v. 4, n. 4, p. 409-421, 1994.
2. CHIAVENATO, I. *Introdução à Teoria Geral da Administração*. 10. ed. São Paulo: Atlas, 2021.
3. CHIAVENATO, I. *Gerenciando com as Pessoas*: como transformar gerentes em gestores de equipes. 6. ed. São Paulo: Atlas, 2022.
4. RONALD, K. M.; BRADLEY R. A.; DONNA, J. W. Toward a Theory of Stakeholder Identification and Salience: defining the principle of who and what counts. *Academy of Management Review*, v. 22, n. 4, p. 853-866, 1997.
5. MITCHEL, R.; AGLE, B.; WOOD, D. Towards a Theory of Stakeholder Identification: defining the principle of who and what really counts. *Academy of Management Review*, v. 22, n. 4, 1997.
6. KAPLAN, R. S.; NORTON, D. P. *Organização Orientada para a Estratégia*: como as empresas que adotam o Balanced Scorecard prosperam no novo ambiente de negócios. Rio de Janeiro: Campus, 2001.
7. KAPLAN, R. S.; NORTON, D. P. *Organização Orientada para a Estratégia*, *op. cit.*
8. KAPLAN, R. S.; NORTON, D. P. *Organização Orientada para a Estratégia*, *op. cit.*

ÍNDICE ALFABÉTICO

A

Abordagem
  extraorientada, 143
  intraorientada, 143
  sistêmica, 117, 123, 124
    Características da, 123
    Vantagens da, 124
Ação corretiva, 156
Administração
  Geral, 44
  Objetivos da, 40, 41
Administrador, 46, 47, 48, 58, 59, 61, 129
  O papel do, 45
Alinhamento, 172
Ambiente,
  das organizações, 11, 12
  de tarefa, 11
  geral, 11
Amplitude,
  administrativa, 53
  de controle, 148
Análise de Pareto, 79
Aparato
  administrativo, 39

Área
  de gestão humana, 44, 158
  de marketing, 158
  de produção/operações, 158
Árvore de decisão, 62
Atividades, 81
Autoridade
  de linha, 100, 114
  de *staff,* 114
Avaliação
  do desempenho, 156
  dos resultados, 60

B

Balanced Scorecard, 171
Benchmarking, 40

C

Cadeia escalar, 51, 112, 113
Clima organizacional, 8, 9
Competências duráveis, 47
Competitividade, 14, 17
Comportamento sistêmico, 119
Controle, 49, 72, 151, 152, 153, 158, 161
  como imposição restritiva, 151

como um sistema automático
  de regulação, 151
como um meio de fiscalização e
  vigilância, 152
como uma das funções
  administrativas, 152
Conceito de, 152
concorrente, 157
de pilotagem, 157
de qualidade, 157
Importância do, 154
Níveis de, 157
Objetivos do, 153
por antecipação, 156
por retroação, 157
posterior, 157
preliminar, 156
Princípio da amplitude de, 148
Princípio do, 32
Processo de, 154
Técnicas de, 159
Tipos de, 156
Cronograma, 73
Cultura organizacional, 6, 7
Culturalmente adequado, 20

D

Definição de objetivos, 63
Departamentalização, 104
  funcional, 104
  geográfica, 107
  por clientela, 108
  por função(ões), 101, 104, 105
  por localização geográfica ou
    territorial, 107
  por processos, 109
  por processamento, 109
  por produto(s) ou serviços, 101, 106
  por projetos, 109
Departamento, 104
Descrição
  do cargo, 112
Desenvolvimento, 145
Diagrama
  de blocos, 76, 77
  de causa e efeito, 159
  de espinha de peixe, 159
  de Ishikawa, 159, 160, 161
  de planejamento e controle, 72
Direção, 49, 127, 128, 130
  Conceito de, 129
  Níveis de, 135
  Princípios tradicionais de, 148
Drucker, 13, 21, 40

E

Ecologicamente correto, 20
Efeito entrópico, 118
Eficácia, 41
Eficiência, 41
Empoderamento, 144
Empowerment, 144
Entradas, 119
Entropia, 118
Era
  da Informação, 29, 30
  de descontinuidade, 13
  Digital, 31, 113
Escola,
  Clássica da Administração, 32

Estruturalista, 33
Especialização
   horizontal, 104
   vertical, 104
Estabelecimento
   de objetivos ou padrões, 155
   de planos, 60
Estágio
   doméstico, 15
   estratégico, 48
   global, 15
   internacional, 15
   multinacional, 15
   periférico, 48
   tático, 48
   operacional, 48
Estratégia, 62
Estrutura
   em redes, 102
   formal, 95, 96
   funcional, 97, 98
   informal, 95
   linear, 96, 97, 98
   linha-*staff*, 99
   matricial, 101
   organizacional, 95, 96, 101
Ética, 21
Eventos, 80
Excelência operacional, 41

F

Fator(es)
   de produção
      capital, 42
      empresa, 43
      natureza, 42
   estruturais, 17
   higiênicos, 143
   insatisfacientes, 143
   internos, 17
   motivacionais, 143
   satisfacientes, 143
   sistêmicos, 17
Feedback, 120
Fortalecimento, 144
Financeiramente viável, 20
Finanças, 44
Flowchart, 75
Fluxograma, 75
Frederick Winslow Taylor, 32
Função(ões)
   administrativas, 48
   do administrador, 48

G

Gestão Humana, 44, 158
Globalização, 14, 15
   Estágios do processo de, 15
Gráfico de Gantt, 74

H

Habilidades
   conceituais, 46
   humanas, 46
   técnicas, 46
Hardware, 121
Henry Fayol, 32
Herzberg, 143
Histograma, 78

Homo
  Economicus, 33
  Social, 33

I

Imperfeição das decisões, 62
Inputs, 119
Industrial,
  1ª Revolução, 28
  2ª Revolução, 28
  Área, 44
  Era, 29, 30, 50, 111
  no Brasil, 3ª Revolução, 30
  Revolução, 28, 29
Industrialização, 28
Instruções 145
  escritas, 147
  específicas, 146
  gerais, 146
  verbais, 147
Insumos, 119
Investimentos, 6

J

Just-in-time, 156

L

Legitimidade, 170
Lei de Murphy, 154
Liderança, 49, 127, 128, 129, 130, 145
  Conceito de, 130
  de lideranças, 42
  Meios de, 147
  Níveis de, 135
  Princípios tradicionais de, 148

M

Macroambiente, 11, 12
Manual de organização, 112
Máquina(s), 160
  a vapor, 28
Marketing, 44
Maslow, 141, 142
Métodos, 71
Microambiente, 11
Missão, 67
  organizacional, 66
Modelo
  de excelência da gestão, 47
  de Likert, 133
Motivação, 140, 143, 144, 145
  extrínseca, 143
  intrínseca, 143

N

Necessidades, 141
  de autorrealização, 141
  de estima, 141
  de segurança, 141
  fisiológicas, 141
  humanas, 141, 142
  primárias, 142
  secundárias, 142
  sociais, 141
  vegetativas, 141
Nível(is), 92, 135
  de controle, 157
  de direção/liderança, 135
  de objetivos, 68
  de organização, 91

de planejamento, 69, 70
    organizacionais, 67, 68
    estratégico, 9, 52, 135, 157
    e global, 91
    institucional, 9, 10, 135, 157
    intermediário, 9, 10, 135, 158
    operacional, 9, 10, 52, 92, 135, 158
    organizacional(is), 9, 52
    tático, 9, 52, 91, 135, 158
    técnico, 9
Normas e regulamentos, 71

O

Objetivo(s), 62
    Definição de, 63
    estratégicos, 64, 65, 68
    operacionais, 65, 68
    organizacionais, 68
        Níveis de, 67
    Princípio da, definição do, 84
    táticos, 64, 65, 68
Operações, 44, 120
Orçamentos, 83
    de base zero, 84
    incrementais, 84
Organização(ões),
    administração das,
        Sistemas de, 132
    Ambiente das, 11
    Conceitos de, 38, 89
    em grade, 101
    matricial, 102
    multinacionais, 16
    Níveis de, 91
    virtual, 103, 104
Organograma, 93, 94, 112
Órgãos, 96
    de linha, 99, 100, 114
    de *staff*, 99, *100*
Outputs, 120

P

Padrões
    de comportamento, 8
    de custo, 155
    de qualidade, 155
    de quantidade, 155
    de tempo, 155
Perspectiva
    do aprendizado e crescimento
        organizacional, 172
    dos clientes, 171
    dos processos internos, 172
    financeira, 171
PERT, 80, 81, 83
Pessoas, 128, 129, 130, 131, 132, 144, 160
    A importância das, 38
Planejamento, 48, 57, 58, 59, 60, 70, 84, 86
    Conceito de, 58
    Etapas do, 60, 61
    estratégico, 69
    e controle, Diagrama de, 72
    Importância e necessidade do, 59
    Níveis de, 69
    operacional, 69
    Princípio de, 32
    tático, 69
    Técnicas de, 72

Plano(s)
  Estabelecimento de, 60
  Execução dos, 60
  fim, 70
  Implementação dos, 60
  meio, 70
  Tipos de, 70
Poder, 144, 145, 169
Preferências, 62
Prevenção, 22
  de novas falhas ou erros, 153
Princípio(s)
  da amplitude,
    administrativa, 53
    de controle, 148
  da autoridade e responsabilidade, 51
  da coordenação, 148
  da definição, 54
    do objetivo, 84
    funcional, 111
  da delegação, 148
  da divisão do trabalho e da especialização, 51
  da especialização, 111
  da execução, 33
  da flexibilidade do planejamento, 84
  da hierarquia ou cadeia escalar, 51
  da unidade de comando, 52, 148
  da paridade da autoridade e responsabilidade, 112
  das funções de linha e de *staff*, 114
  de planejamento, 32
  de preparo, 32
  do controle, 32

  escalar, 112
Procedimentos, 71
Processamento, 120
Processo
  administrativo, 48, 50
  de comunicação, 136, 137
    Estágios, 15
  de controle, 154
  de globalização, 15
  decisório, 60, 61, 62, 133
Produção, 42, 44
Programa(s), 71

R

Racionalidade limitada, 62
Realimentação, 120
Recursos
  administrativos, 43
  financeiros, 42
  materiais ou físicos, 42
  mercadológicos, 42
  organizacionais, 42, 43, 44
  tecnológicos, 43
Rede
  básica, 80
  de comunicação, 123
Regulação das atividades, 153
Relações, 81
Relatividade das decisões, 62
Responsabilidade
  ambiental, 22
  social, 21
Resultado, 62
Retroação, 120

S

Saídas, 120
Shareholders, 4, 168
Sinergia, 64
Sistema(s), 118
   abertos, 121, 123
   abstrato(s), ou conceituais, 122
   concretos ou físicos, 121
   de administração das organizações, 132
   de recompensas e punições, 133
   fechados, 121
   organizacionais, 119
Situação, 62
   Avaliação da, atual, 61
Socialmente
   justo, 20
Sociedade de organizações, 1
Stakeholders, 4, 5, 6, 166, 167, 168, 169
Supervisão, 9
Sustentabilidade, 19, 20

T

Tecnologia(s), 44
   Modernas, 18
Teoria
   Clássica da Administração, 33
   Comportamental, 34
   da Contingência, 34
   das Relações Humanas, 33
   de Sistemas, 34, 117
   Estruturalista, 33
Tomador de decisão, 62

U

Urgência, 169

V

Visão
   de futuro, 67
   sistêmica ou holística, 123

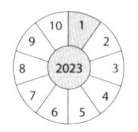